お道の視点から

上田嘉太郎

天理教道友社

はしがき

立教一六一年五月、私が道友社長に就任して早々に、「『天理時報』には社説欄が無い。社説の無い新聞は顔の無い人間と一緒だ」という投書が来ました。本部青年時代に時報のデスクを務めていたころ、社説欄に相当する「潮流」を隔週で担当していたこともあって、直ちに立ち上げに動きました。

広報委員だった大野道徳《みちのり》・天理大学教授（『読売新聞』元編集委員）の「現在では、社説といっても、社の公式見解というより、時事問題に対する一つの見方を提示するといったニュアンスになってきている」との助言もあって、本部の部署の責任ある立場の方々数人に依頼、翌年の一月十七日号からスタートしました。

欄の呼称は「視点」とし、教内外の話題を信仰的な観点から取り上げることにしました。教内の話題を担当部署との関連で論ずるものが多くなりがちでしたが、私は社会問題をお道の信仰者としての切り口で考えることに拘《こだわ》りました。それは、いま社会で問題になっている事象に信仰者として無関心であってはいけない、お道の信仰に基づく見解を持ちたいと思ったからです。

同じころ、コンセプトを一新して再発足した「天理やまと文化会議」の議長を務めることにもなりましたが、その基本姿勢は社会問題、時事問題を天理教の信仰者としてどのように受け止め、理解し、対処すべきかを議論しようというものです。

この会議のメンバーである羽成守《はなりまもる》氏（日帝分教会長、弁護士）は、あるとき「ここへ来ると、天理教の教えはどんな問題にも対処できるという確信が湧《わ》いてきて元気になる」と心情を吐露したことがありました。どんな問題にも応《こた》えられる、応えるべきだというのは、私の思いでもあります。

難問であればあるほど、すぐさま答えを提示するという訳にはいきませんが、それでも確かな枠組みや方向性を示すことはできると思います。


かつて「天理教と言えば肺病のおたすけ」といわれた時代があったと聞きます。明治期から昭和二十年代の初めまで、常に日本人の死因のトップにあって、「死病」と恐れられていた結核のおたすけに、先人たちが命がけで取り組まれたということでしょう。

今日では抗生物質の発見などにより、結核の脅威は減じ、代わって、ガン、脳卒中、心臓病といった生活習慣病が死因の上位を占めています。平均寿命は大きく伸びましたが、その一方で、急速な高齢化が社会問題になりつつあります。また、ストレス社会は心を病む人を増やし続けています。

医療を取り巻く環境はすっかり様変わりしましたが、人はいずれ借りものの身上をお返しするという大前提は変わりません。病む人は絶えず、おたすけの種は尽きません。

医療の進歩が新たな問題を提起していることは、目次のタイトルに見える、脳死、尊厳死、ヒトゲノム、クローン人間、医療制度改革……といった語にも窺《うかが》えます。

また、おたすけと言えば、今日では「事情のおたすけ」の比重が増しているように思われます。事情のおたすけは、なおさら世の動向に影響されます。それだけに、背景や事実関係、世上の議論もある程度押さえておく必要があります。

「リストラ自殺」を例に取ると、本人の資質の問題もあるでしょうが、家族をはじめ周囲との人間関係、さらには社会状況が影響していることは明らかです。それを個人のいんねんだけに帰して論じたりしては、不適切のそしりは免れないでしょう。逆に、社会のせいだけにして、本人や周囲の努力、反省の必要性を顧みないのでは、たすかりようがないと思われます。

それぞれの要因を信仰的に受け止め、思案して、総合的に判断すべきでありましょう。同様のことは、ほとんどの問題について言えます。

ともあれ、身上、事情にかかわらず、今日の人々が抱えている困難に立ち向かう、取り組むおたすけ人としての気概こそが求められていると思います。

千数百字の限られた紙幅では、お道の視点から考えると言っても、そのヒント程度にしかなりませんが、読者の皆さんが今日のさまざまな問題を教えに照らして考え、あらためて教えのパワーを実感されるきっかけになればと思います。

最後になりましたが、道友社長退任に際し、十二年務めた記念にと、私の「視点」をまとめたものを数部所望したところ、正式の出版という形で応じてくださった編集部に感謝するとともに、長い間、共々に楽しく御用を勤めた道友社の皆さんにも心からお礼申し上げたいと思います。

立教一七三年七月

上田嘉太郎

目次

立教一六二年

（一九九九年）

世紀末不安の幻想

（立教162年1月17日号）

道のお互いにとって、「世界たすけ」を高らかに掲げた『諭達第一号』を戴《いただ》いて迎えた新春は、ひと際心改まるものがある。誇りと使命感を持って、をやの声を伝え、世の立て替えに力を尽くすことをそれぞれ心に期して、新しい年の歩みを踏み出されたことと思う。

最近マスコミなどで、先行き不透明な世相もあってか、世紀末という言葉をしばしば見聞きする。中には、一九九九年の七の月に破滅的な事態が出来《しゅったい》すると、ノストラダムスの予言なるものを引き合いに不安を煽《あお》る向きもある。

確かに一九九九年は、一千年代の最後の年という意味では一つの大きな節目と言えるかもしれない。千年に一度ということで大世紀末と言われたりもする。何かが起こりそうな気分になるのも分からないではない。世紀末という言葉は十九世紀末のヨーロッパで盛んに用いられた、一種の閉塞《へいそく》感を反映した退廃的、懐疑的なニュアンスの語である。

しかし考えてみると、一九九九年というのは西暦、すなわちイエス・キリストの生誕を起源として年を数えたものである。キリスト教徒でない者には、単なる普及した紀年法以外の何物でもない。まして、文献による考証ではイエスの生誕は紀元前四年とするのが定説となっているから、既に、生誕から二千年は過ぎてしまっていることになる。また、世界には西暦以外の紀年法を採用している国も少なくない。米英によるイラク攻撃の時にも登場したラマダン（断食）月はイスラム暦によるものだし、ほかにも、釈迦の入滅を紀元とする仏暦を現在でも採用している国がある。西暦の普及自体、比較的最近のことである。こうしたことからも分かるように「世紀末の不安」なるものは、年そのものからくるのではなく、世紀末という言葉、また不安な状況が生み出したものだと言ってよい。

『稿本天理教教祖伝逸話篇』には『皆、吉《よ》い日やで』という話がある。日柄に縁起をかつぐ人々に、どの日も親神様の守護に満ちていることを教示された逸話である。同じことは月についても、年についても当てはまるはずで、要は心の問題だということである。

「おさしづ」には、「案じに案じの理が回る」というお言葉がある。心配しすぎることが、かえって心配しているような結果につながってゆく、成ることも成らなくしてしまうということである。

一方、これと対照的な「勇んで掛かれば十分働く」「勇んで掛かれば神が勇む」といったお言葉もある。いずれも事に臨んで、勇んで取り組むことの大切さを仰せくださっている。

誰《だれ》しも順調な時には勇めても、不安な時、苦境にある時にはなかなか勇めるものではない。しかし、そうした時にこそ親神様のご守護を信じ、ご存命の教祖《おやさま》のお導きを信じて、自らを励まし、奮い立たせるところに信仰者の面目があり、不思議なご守護も現れる。

世の不安を打ち払う勇み心で進ませていただきたいものである。

（立教162年2月28日号）

手段を目的化した受験教育

入試シーズンたけなわ、いつもながらの悲喜こもごもの情景が繰り広げられる。

受験戦争、受験地獄と言われて久しいが、近年ますますその低年齢化が進んでいるようである。今日では中学生はもとより、小学生でもかなりの割合で塾通いをしているという。そこには少子化や共働きなどの要因もあるにせよ、基本的には少しでも良い学校へ子どもを入れたいという願望がある。

しかし、こうした風潮にも一概に否定できない面もある。戦前の高校生は大いに青春を謳歌《おうか》したものだなどと言う向きもあるが、旧制高校生などは国民のほんのひと握り、いわば将来を約束されたエリート集団で、他の多くは経済的理由で中学へ進むことすらままならなかった。

従って、戦後の大学の大衆化は学力さえあれば誰《だれ》でも出世することを可能にしたとも言えるし、それは必然的に受験戦争の激化をもたらさずにはいない。金さえあれば何でも手に入るという物質的繁栄の中で（実は大切なものほど金では買えないし、また、しばしば金によって損なわれるのだが）、よりよい保証を求めて、あるいは落後すまいと受験戦争の群れに身を投じるのであろう。

しかし、そこには大きな問題がいくつも横たわっている。例えば、その低年齢化である。育ち盛りの小学生、中学生にとって知識の詰め込みよりも大切なものはいくらもあるのではないか。友達と遊ぶこと、家族との団欒《だんらん》、スポーツをしたり、読書をしたりと、人間としての成長のためには欠かせないはずの営みの多くが犠牲になり、学力一辺倒、それも入試に関係ある科目の偏重という傾向が強まっているように思われる。もちろん勉強も大切である。しかし、その本来の意義とかけ離れた、受験のための知識の詰め込みに走っていることが問題なのである。

例えば、歴史を学ぶことは、過去への物語的関心というよりは、むしろ現在をよりよく理解し、将来を見通す上での手掛かりを求めることに意味があるのであって、年号や史実の断片的な暗記とは似て非なるものである。その他の科目についても、すぐに役立つという実際的な面よりも、むしろ心豊かな人間生活を送るための糧《かて》、基礎という性格が強いのではないかと思う。

近年、学校の荒廃は危機的なものがあると言われているが、その背景には、本来の目的を見失った学校教育の歪《ゆが》みがあるように思う。

考えてみれば、学校へ行くことは手段であって、それ自体は目的ではないはずである。それなのに、より良いとされる学校へ入ることを目的とし、勉強をそのための手段と錯覚することからさまざまな問題が起こってくる。目的さえしっかりしていれば、たとえ入試に失敗しても、道はいくらでもあると思い直せるだろう。

より良い高校、より良い大学、より良い会社と次々と手段を目的化する、いわばラッキョウの皮むき的生き方からは、広い視野に立ち、長い目でものを見、深く考える人間は育ちようがない。その向こうに透けて見えるのは理想を失った、人生の目標、心の拠《よ》り所《どころ》を持たない現代人の虚無である。

人間生活の目標を知らしめねばならぬゆえんである。

（立教162年4月18日号）

本教の身体論とたすかり

日本初の脳死からの臓器移植が行われて一カ月。過熱気味だったマスコミの報道も鎮静化し、あらためてその意義や過程の検証がなされようとしている。

道の信仰者としても、こうしたホットな問題に無関心でいられないし、また何らかの教えに基づく思案、態度が求められていると言えよう。死生観や人間観、また思想・信条などにかかわる問題をはらんでいるだけに軽々に論ずることはできないが、まず、われわれの拠《よ》って立つべき基本的な枠組みについて考えてみたいと思う。

言うまでもなく、本教は「身の内かりもの」という明快な身体論を持っている。

かりものの教理とは、私たちの身体《からだ》は親神様からの借りものであり、心だけが自分のものである。そして、その心遣いに応じたご守護を、子供かわいい親心をもって、身体をはじめとする一切の上にお見せくださるということである。

また、この教理は「出直し・生まれ替わり」の教理へと続き、「心は末代の理」とあるように、銘々《めいめい》の生きざまは、出直し、生まれ替わりを重ねつつ子々孫々の魂と身の内に受け継がれてゆくことになる。

すなわち、私たち一人ひとりの身体には、その人自身の心遣いが反映されているばかりでなく、代々の通り方の軌跡が刻み込まれていると言ってよい。

このように、道の教えにあっては、私たちの心と身体には切っても切れない密接な連関があり、しかも現にある個々人にとどまらず親々にさかのぼり、また子孫にまで連なる関係性の中にある。

これはまた、人のたすかりを今生だけのものとはしない考え方ともなる。道の上に尽くした人が重い身上《みじょう》（＝病）になった時の伺いに対して、「一代と思たら頼り無い」と仰せられ、理は末代、生まれ替わりという点について諭しておられる「おさしづ」が少なくない。すなわち、たすかりが時の流れ、時間的な広がりにおいて語られているのである。

また「出直し・生まれ替わり」と、死と誕生がセットになっていることも重要な点である。死は再生への出発点とするとらえ方には、死を忌避すべきもの、まがまがしきものとする見方はない。死もまた自然なことであり、摂理の内のことであるとする。

考えてみれば、死がなければ誕生もまたない。人が皆不老不死になれば当然のことながら、たちまち地球はパンクしてしまう。いつまでも生きようとするより、むしろ限りある生命をいかに生きるか、いかにバトンタッチするかが問題なのである。

また、人のたすかりが個別的なものとしてではなく、いわば空間的な広がりにおいて述べられていることも忘れてはならないと思う。

すなわち、一人のたすかりが周囲や全体のたすかりと不可分なものだということである。それは「人救《たす》けたら我が身救かる」「皆《み》んな勇ましてこそ、真の陽気という」といったお言葉に窺《うかが》える。

そして、最も本質的なことであるが、本教のたすかりの概念が時間的、空間的広がりを持っているゆえんは、本教のおたすけが貧、病、争など形に表れた悪い状態を救うことよりも、その奥にある心の状態を救うことを本務としているからなのである。

小手先の景気刺激策

（立教162年5月30日号）

「地域振興券を御利用頂けます」という幟《のぼり》が街のいたる所に見られる。身の周りでも、「うちには何枚来た」「何に使おうか」あるいは「うちはもらえない」といった話を耳にしたりする。

長引く不況の中で考え出された景気刺激策であるが、果たして効果のほどはどんなものだろうか。

一般庶民には、どこへ消えたのか分かりにくい公共事業への投資よりピンとくる景気浮揚策ということらしいが、そこには不況、不況と言われ続けてきたことからくる消費意欲の委縮が悪循環を生み出しているとする認識もあるようだ。

しかし、今回の不況はそんな一時的な消費の刺激でどうこうなるものではないように思われる。

現に世論調査にも、小手先の対策や党利党略に明け暮れる政治家たちよりも冷静な、覚めた見方が窺《うかが》える。

すなわち、景気回復のカギを握る個人消費が伸びない理由として、六二パーセントの人が「大半の人が必要なものは持っている」からと答え、また、地域振興券の景気への効果は、「ない」が七八パーセントにものぼったという（四月二十五日付『朝日新聞』）。

これが国民の大方の実感だろう。

同紙には、つつましく生きてきた一人暮らしの老女が振興券を受け取っての感想、「七十年生きてきて、無駄遣いしろって言われたの、初めてだ」という戸惑いの声も紹介されていた。

高度経済成長からバブル期に至る風潮は、まさに「あるが上にも欲しがる」、また「あるが上にも買わせる」ことを善しとし、大量消費とそれを支える大量生産が経済を発展させ、豊かな社会をもたらすという図式だったと言えよう。「消費は美徳である」という言説のまかり通る社会の精神的貧困は言うまでもない。が、物質的に見ても、個人の暮らし向きは便利になったにせよ、資源の枯渇、自然環境の破壊、そして欲望のカスというべき廃棄物問題となると、全体として見れば、決して豊かになったとは言えまい。むしろ、危機的な状況をつくり出しつつあると言ってよい。

今日では多くの国民が、そうした私欲追求の無条件の肯定や、その肥大化による経済発展という構図に疑問を持ち始めているというのが、先の世論調査の数字ではないか。

それにもかかわらず、昔ながらの図式で、一時的で上《うわ》っ面《つら》だけの景気刺激を図ろうとするところに、地域振興券の滑稽《こっけい》さがある。

もっと長期的で広い視野からの施策が必要だということだろうが、さらに言えば、世界が根本的なところで価値観の転換を求められつつあると感じる。

一時は古くさいと見られかねなかった「菜の葉一枚粗末にしてくれるな」という教祖《おやさま》のお言葉や、皺《しわ》紙に託して物を活《い》かし、人を活かす道を教えられた御逸話が、時代を超えて未来をも照らす真実であることを知る。

（立教162年7月4日号）

父性と母性の調和

最近「学級崩壊」の問題が新聞、雑誌などで盛んに取り上げられている。

小学校の低学年で、子どもたちが授業中に教師を無視して歩き回ったり、大声を出したりして、授業が成り立たなくなるというのは確かにショッキングな現象である。その原因は単純なものではないようだが、家庭における親子関係、特に母子関係に焦点を当てて論じているものが目に付く。そのほか、従来からの一方的、画一的な学校教育のあり方や、その背景にある学歴社会などの要因を挙げる向きもあり、問題の根が深く、広範囲にわたることを感じさせる。

いずれにせよ、子どもたちの姿は、大人たち、親たちの姿の投影、社会の鏡である。

しかし、子を持つ親の立場からすれば、社会や学校教育のあり方を批判するだけでは、済まされない。その改善を願いつつも、まずは自らが直接かかわる、自身の家庭のあり方を見つめ直すことによって、子どもたちがそうした事態に陥ることを防ぎ、あるいは守り、救い出す道を探らねばならない。

また、それぞれの家庭のあり方を見つめ直し、切り替えようとする動きの広がることが、学校や社会を動かしていくことにもなろう。

学級崩壊を引き起こす子どもたちの特徴として、自己中心的で、すぐにカッとなる。また、基本的な生活習慣が身についていないと言われている。

こうした傾向を、核家族化した家庭での母性の過剰を表すものだとする指摘がある。すなわち、母子一体の私的関係に社会規範、公的ルールの感覚を持ち込むべき父性原理の欠如が、公私のけじめがつかない私的世界を、そのまま学校に持ち込む子どもたちの姿になっているというのである。

また、一方では家庭において虐待を受けた子どもが、学級崩壊の引き金になることが多いという指摘もある。家庭的背景の大きさとともに、父親の影の薄さを思わせる話である。

「お父さんしっかり」と声援を送りたいところだが、経済不況、リストラの渦中にいる、それでなくとも会社人間の父親に、家庭での父性の復権を求めることは酷な気もする。しかし、わが足元に火がつく前に、例えば、時には付き合いを断ってでも子どもと食事をする、話をする、遊ぶといった具合に、何からでも触れ合う機会を増やす努力をしたいものだ。

また、母親の側にも父性を補い、母性の過剰を抑える努力が必要だろう。あるいは、父親に代わって公的ルールを教えることも求められよう。要は、父性原理と母性原理の調和が図られなければならないということである。同様のことは、母子家庭や父子家庭にあっても言えるように思う。一人二役の心構えで接するということもあろうし、それに代わる存在、例えば教会が手助けできることもあるだろう。

父性と母性の調和とは、単なる役割分担などではない、不断の動的で相補的な「二つ一つ」の営みなのである。

リストラ自殺に思う

（立教162年8月15日号）

昨年一年間の自殺者数が急増、初めて三万人を超えたという。特に四、五十代の男性の自殺が激増していることから、長引く不況下でのリストラ自殺、過労自殺の増加が指摘されている。自殺がこの年代層の死因の二位を占め、男性の平均寿命を縮めたというから事態は深刻だ。

この年代は団塊の世代と呼ばれて、子どもの時から競争を強いられる一方、一般に教育程度も高く、経済大国日本を支えてきた活力ある人たちとされている。今まさに働き盛り、多くは管理職など責任ある立場だと思われる。

しかし、それだけに数が多いことと相まってリストラの標的にされやすいとも言えよう。家庭的にも、育ち盛りの子どもや家のローンを抱えている年代だ。例えば「いのちの電話」にも、「自分が死んだら保険金が入る。それで何とかローンを返すことができるし、家族も楽になる。今から飛び降りる」と泣きながら苦衷《くちゅう》を訴えてきたという（『朝日新聞』七月五日付「社説」）。

今後ますます世界的規模での競争激化が予想される中、企業は生き残りをかけて、これからもリストラを推し進めてゆくだろう。しかし解雇された者の苦しみはもちろん、残留している者にも不安や過重労働をもたらすものだけに、安易な人減らしだけには走ってもらいたくない。

ドイツなどでは、労使の交渉で賃金を引き下げても雇用を守る例があると聞く。企業にとっても、人は単なる手段でなく、財産でもあるはずだ。日本でも、そうした例がもっとあってもいいのではないかと感じる。また、行政としても、たとえ解雇されても、少なくとも自殺などせずにすむような救済策を講じてもらいたいものだ。

こうした状況を目の当たりにして、われわれ道の信仰者はこれをどのように受け止めればいいのだろう。

全体的な状況を動かすにはあまりに無力であるにしても、個々の苦しんでいる人、悩んでいる人に、何らかのたすけの手を伸べることはできるはずだ。そうした思案の一つの手掛かりは、自殺者の十倍もいるであろう、死にたくても死ねない人の存在である。死の恐怖ということもあろうが、その最大の理由は家族のことを考えるが故だと思う。両親や妻、子どもたちのことを思うと死に切れないという人が大方ではないか。失業しても家族や身内に支えられて、持ちこたえている人は多い。その意味でも、常日ごろから夫婦、親子の心の絆《きずな》を大切にすることは、どれほど強調してもし過ぎることはない。

また、失業した人にとって教会がクッション、受け皿の役割を果たしている例も目にする。緊急の避難、安らぎの場を提供するとともに、明日に向かって魂に力をつける成人の機会にもなっている。

死を選ぶ動機には経済的な悩みだけでなく、仕事やプライドを失った喪失感もあるという。しかし、生きていることそれ自体の尊さに比べれば、財産や地位などは取るに足りないものと言ってよい。金やモノ、地位といった形に左右されない価値観、心の拠《よ》り所《どころ》を持つことの大切さを思う。

それにつけても、財を施し、体面をうち捨て、一れつ子供をたすけたい一条の親心から、どんな中も明るくお通りくだされた教祖《おやさま》のひながたの有り難さを思わずにはおれない。

（立教162年10月3日号）

尊厳死より尊厳ある生き方を

都知事が障害者施設を視察した時、「ああいう人ってのは人格あるのかね」と漏《も》らして物議を醸《かも》したという。安楽死の問題にまで感想が及んだというから穏やかでない。その新聞記事を読んで思い浮かべたのは、知事の友人でもある著名な評論家の自殺のことである。愛妻を失い、自身も脳梗塞《のうこうそく》を患った氏は、かかる身は本来の自分でないと自らを処断する旨の遺書を残していた。死者の心中を忖度《そんたく》することは差し控えたい。しかし、願わくは、たとえいかに不本意な生であっても、精いっぱい生き抜いてほしかったと思うのである。

筆者は学生時代、生きることの意味について思い悩んだ経験を持つが、そんなころに、原爆によって家族をすべて失い、自身も原爆症に苦しみながら、それでも自暴自棄に陥ることなく生き続ける、いわゆる原爆孤老についてのリポートに胸を打たれた記憶がある。

そこには、「何を楽しみに生きるのか」といった議論を沈黙させる人間の実存、生きることの厳粛さがあったように思う。そして、生きる勇気を奮い起こさせるものがあった。

近年、尊厳死の問題が取り上げられるようになってきたが、これはスパゲティ状態と言われるような、生命維持装置につながれた状態での死を拒否するという考え方で、医療の進歩の産物の一つである。

この尊厳というバイアス（偏り）のかかった語は、同時に「チューブにつながれての死に、尊厳はないのか」とか、「そもそも尊厳ある死とは何か」といった問題を提起せずにはおかない。

尊厳死のためには、前もって「過度な延命治療はしないように」との意思表示をしておくことが必要とされる。しかし、どこまでが適度かの線引きは困難だし、そもそも救命と延命を分けて考えることも難しい。

また、健康な時の気持ちが、その時になっても変わらないという保証はない。

私は、尊厳死を唱えるのは現代のポックリさん信仰だと感じている。「シモの世話にならずにポックリ死にたいものだ」とは誰《だれ》でも考えることだろう。

しかし、いざ病に倒れオムツをしなければならないようになったからといって、自殺する人は稀《まれ》である。

また、オムツをするようになったからといって、尊厳がないと言えるだろうか。寝たきり状態は何よりも当人にとってつらく、心苦しいものであるとともに、世話をする人にとっても大きな負担である。しかし、たとえ寝たきりであっても、周囲から心を込めて世話をされ、大切にされるなら「死にたい」と思う人はないだろう。

むしろ、死にたいと思わねばならない人間関係、心の絆《きずな》の希薄さが尊厳を欠いているのである。

そうした意味では、たとえチューブにつながれての死であっても、一刻も長く生きていてほしいと願う家族の祈りに包まれての死は、尊厳に満ちたものと言ってよいと思う。逆に、親の意思だからと言って、さっさとチューブを外すことが子どもとして尊厳ある選択であろうか。要は、尊厳の有無は形の問題ではなく、心の問題、生き方の問題だということである。

付け加えて言えば、オムツと生命維持装置の最大の相違は、後者にはしばしば莫大《ばくだい》な金がかかるということである。それはまた、医療技術の進歩の必然的な帰結であり、解き難いジレンマである。

問題の先送りは御免だ

（立教162年11月14日号）

いよいよ来年四月から介護保険制度がスタートする。

現在の日本では、人口の一三パーセントを占める七十歳以上の高齢者が医療費全体の三三パーセントを使っているという。今後一層進むであろう高齢化をにらんで、老人医療費のうち、介護に相当する部分を切り離し、四十歳以上の国民から別途、保険料を徴収しようというのである。

深刻な財政危機に陥っている医療保険制度の立て直しのためには、やむを得ない措置かとも思われる。一部には、税金で賄《まかな》うべきだとする説もあるが、いずれにせよ、放置できない問題であることは確かだ。

ところが、ここに来て、介護保険料の徴収を半年間、先送りする案などが浮上している。来秋の衆議院議員の任期切れ、総選挙を前にしての国民の負担増は避けたい、ということらしい。その間の費用は国債で補てんするという。実に国民をバカにした話だ。結局は国民が支払うのである、しかも利息をつけて。

その党利党略的な発想もさることながら、責任を先送りするこうした手法は、もういい加減にしてもらいたいと思う。もっとも、それを許してきた国民の側にも責任の一端はあろう。朝三暮四の故事を思い出さずにはおれない。

まさに、「今さえ良くば」である。何も介護保険だけではない。政府は財政再建を謳《うた》いながらも赤字国債を発行し続ける。地方自治体もしかり。一時しのぎの借金漬けは大は国家から、小は家庭、個人に至るまで蔓延《まんえん》している。

ある弁護士さんの話では、最近扱う事例の大半がサラ金関連とか。これも一時しのぎの金策で、あとで地獄を見るという姿である。

もっと大きなところでは、自然環境の破壊こそ、「今さえ良くば」の最たるものだろう。大気や水、土壌の汚染、森林の伐採……と、諸条件の絶妙なバランスの中で生命を育《はぐ》んできた奇跡の天体＝地球の危機が叫ばれている。

このまま行けば、子や孫の代には、どんなことになるのかと思いやられる。

こうした事例に限らず、何かにつけて、長い目でものを見ることをしない、自分の代のことしか頭にないかのような行き方が目につく。将来や、後に続く者たちへの配慮がなさ過ぎる。

物事を長期的な視点で見るということは、道理に沿って考えることである。物事にはすべて原因があって結果がある。過去、現在を踏まえて将来を予測し、より良い結果に到達できるようにと行動するのである。

逆に、刹那《せつな》的、近視眼的な見方や行動しかできないということは、道理に沿ってものを考えられないということでもあろう。すなわち、今日の日本人の多くが、理というものを見失ってしまっていることになるかと思う。

今日的問題の多くが、例えば「人は出直し、生まれ替わって、またこの世に帰ってくる」と考えるだけでも、全く違ったものとして見えてくるのにと思う。そうした長い時間の流れの中で物事をとらえ、自分自身を位置づけるならば、目に映る世界の様相は一変し、取るべき態度もおのずと変わってくるのではないか。

天理に沿う思案こそが、一時の感情や利害、また自分勝手に流れがちな私たちを、本来の道へと引き戻してくれるのである。

競争原理の限界

（立教162年12月12日号）

「地球は狭くなった」といわれるようになって久しいが、その背景となった交通、通信手段の発達は加速度的に進み、特にコンピューター技術の目覚ましい進歩は、情報を瞬時に伝達して、グローバリゼーション（世界的規模化）をリードしている。

考えてみれば、幕末から明治にかけての時代、教祖《おやさま》が「世界たすけ」「一れつきょうだい」などとおっしゃっても、ほとんどの人にはピンとこなかったに相違ない。

今日ようやく「世界」という語が現実感を持つようになり、人々は自分自身の運命が世界の運命と切り離せないことを意識するに至ったと言えよう。その意味では、こうしたことも世界一れつの陽気ぐらしが実現するための一つの条件なのだろうか。

しかしながら、世界の一体化はまた、核戦争の恐怖や環境破壊といった人類の存続にかかわる困難にも及んでいるのである。陽気ぐらしへの道は、そうした瀬戸際を通り抜けたところにこそ開けていくものなのであろう。

国家間の壁が低くなったことで、さまざまな分野での交流が活発になっているが、特に経済活動、なかでも金融部門でのグローバル化は著しい。

先ごろ、米国のシアトルで開催されたＷＴＯ（世界貿易機関）の閣僚会議は、貿易の一層の自由化を推進しようとする米国への、各国の予想外の反発で決裂に終わってしまった。

長引く世界的不況の中で、米国だけが好景気を持続する一人勝ち状態に「ノー」を突きつけた形だ。

しかし、それにもかかわらず、自由化の流れは基本的には変わらないだろう。唯一の超大国である米国の影響力もさることながら、どの国も保護主義的な政策をとることで、取り残されてはならないという認識を持っているからである。

そして、その背景には「競争による進歩」という大前提があり、その裏付けとも言うべき、とどまることを知らない技術の進歩がある。

まさに、科学技術の飛躍的な進歩こそが、現代文明を特徴づけていると言ってもよい。

文明の進歩に取り残されまいと世界的競争の列に加わろうとすれば、どの国も効率の悪い部分を切り捨て、集約的な技術革新や合理化を進めなければならない。

しかし、技術の進歩は一時的には矛盾を生み出しても、長期的には全体に恩恵をもたらすという神話は、今日でも成り立つのだろうか。それを象徴しているのが、核や環境の問題である。

技術自身は善でも悪でもなかろう。しかし、それが競争の具となる時、文明の進歩とともに種々の困難な問題を生み出す。

競争を進歩の原理としている以上、矛盾の解決は常に後手後手に回り、事態の根本的改善はあまり期待できないように思える。他者に勝とう、負けまいとする競争は、本質的に自己中心的なものである。他人や全体（その中には自身も含まれる）のことは後回しにならざるを得ない。

豊かさの追求や競争に勝つという発想自体の限界が、いまや明らかになりつつある。それは、欲と高慢の世界と紙一重にさえ思える。

こうした世界的競争の流れは、個人としては如何《いかん》ともしがたいものがある。しかし、この競争原理は、われわれの身辺にも浸透していることを忘れてはならない。例えば、園児の殺害事件で話題になった〝お受験ブーム〟などもその一つだ。

負けまいとする競争の中ですり減らし、失うものの大きさを思う時、まずは一人ひとりが形の上の競争の空《むな》しさに目覚める必要がある。

そのためにも、「慎みとたすけ合い」の精神を粘り強く世に訴えていかねばならないと思う。

立教一六三年

（二〇〇〇年）

電脳《コンピューター》時代の時空感覚

（立教163年1月16日号）

今年の元日は西暦二〇〇〇年代の始まりということで、ミレニアムだとか、コンピューターの二〇〇〇年問題だとか、かまびすしいことであった。

西暦はキリストの誕生を起源にしているから、われわれには関係がない、という考え方もできる。しかし、目下のところ広く流布《るふ》している共通の紀年法には違いないのだから、あまり目くじらを立てることもないと思う。同様のことは日曜日についても言える。

むしろ、元来区切りのないはずの時の流れに、人間が印をつけ、節目をつけていくことで、世紀末だの大聖年だのと意味づけられるものだということをあらためて感じる。

そんな次第で、昨年末から新年にかけて、マスコミにも二十世紀を振り返る、あるいは過去千年を概観するといった特集や、次なる百年、さらには千年を展望するといった企画がさまざまな形で取り上げられた。その一つ、米国の週刊誌『タイム』の特集では、「二十世紀を代表する人物」として物理学者のアインシュタインを選んだとか。

それは何よりも、二十世紀が科学技術の驚異的発展の時代であったからだろう。いわば、そうした科学者の代表として彼が選ばれたということである。

その物理学上の業績は数々あるが、アインシュタインの名を不朽にしているのは、何と言っても「一般相対性理論」である。これは、ニュートン以来の古典力学を止揚《しよう》する力学体系を提示しただけでなく、それまで自明のものと思われてきた絶対時間、絶対空間の観念の変更を迫ることで、哲学の分野にも大きな影響を及ぼした。

もっとも、月へのロケット打ち上げでも、古典力学で事足りているぐらいだから、日常生活で相対論的効果に出合うことはまずない。

それよりも空間と言えば、むしろコンピューター上の仮想空間での情報が現実を動かす状況に、筆者などは戸惑いを覚える。それは時として、一国の経済を揺さぶりかねないものであることは、一連の通貨危機問題を通して思い知らされた。

また交通、情報伝達手段などの急速な進歩は、私たちの時間感覚をも変えずにはいない。

長い人類の歴史のゆったりとした時間の流れの中で、また、すべて体で実感できる世界の中で育《はぐく》まれてきた感覚、感性にとって、その変化はあまりにも慌《あわ》ただしいものに違いない。

こうしたことは生身の人間にストレスを与えずにはいないだろうし、生活習慣・様式、文化といった営みにも大きな変化をもたらしつつある。また一方では、変化に適応し、技術を駆使できる集団と、取り残された集団との間で格差を増大させている。

しかし、いかほど技術革新が急激であっても、人間の本質は変わらない。歳《とし》は一年に一つしか取れないし、昔の人に比べて知識は増しただろうが、人間性が向上したとも思えない。

別席のお話には、「年限の中から出来てくるのが天の理」とあるが、お道の教えでは「元の理」の話をはじめとして、年限の理ということが重要な位置を占めている。それはまた、旬というものの大切さに続いている。

ボタン操作で現実を操る傾向の強まる時代にふさわしくと言うべきか、今日では、この年限、旬の意義が見失われつつあるように思う。

それは必然的に未来を構想せず、過去を粗略にすることにつながる。すなわち「今さえ良くば」の近視眼的な見方、生き方にならざるを得ない。

こうした未来を信じない、未来に責任を感じない風潮は、いわば子や孫のスネを噛《かじ》ってでも今の豊かさを維持しようとする借金漬けの国の財政に典型的に表れている。

出直し、生まれ替わりを重ね、末代かけて陽気ぐらしをこの世に創《つく》り出そうというこの〝だめ（究極）の教え〟の果たすべき役割は重い。

出発点とお聞かせいただいた「ようぼく躍進地方講習会」を仕切りの旬として、をやの思いを一人でも多くの人に伝え広めるべく、実動の年を勇んで踏み出そう。

（立教163年2月27日号）

〝叱る文化〟の行き詰まり

過日、環境ＩＳＯ（国際標準化機構）に関する講義を受ける機会があった。その時の話に、日本では環境の問題というと、とかく環境汚染やごみ問題といったマイナス面にばかり目を向け、良い環境を創《つく》り出そうというプラスの発想に乏しい。その背景には、日本の「叱《しか》る文化」の伝統があるのではないか。こうしたマイナス面を減らそうとする「叱る文化」に対し、環境ＩＳＯの考え方の背後にあるのは、良い面を増やそうとする欧米流の「褒《ほ》める文化」だ、という指摘があった。

先日たまたま目にした教育関係の報告書にも、日本の教師は褒めるのが下手《へた》、という記述があったが、言われてみれば思い当たるふしが多々ある。

確かに、日本社会では人の意見や仕事についても、素直に認めたり、褒めたりということが少なく、むしろ弱点や欠陥を探し出して批判することが多い。

「出る杭《くい》は打たれる」という諺《ことわざ》にも窺《うかが》えるように、たとえ良いことでも、とかく冷たい目で見られたり、足を引っ張られたりしがちである。

だから日本では、個性的な人物や独創的な仕事は生まれにくい、とも言われる。

しかし、それもまた、島国が育《はぐく》んだ生活の知恵かもしれない。それが何事につけても格差の小さい社会を生み出しているとも言えよう。

そういえば、教内の吹奏楽の指導者が「日本の指導は叱るばかりで褒めることが少ないが、アメリカから招請したコーチが、上手に褒めて力を引き出すのには感心した」と語っていたのを思い出す。叱られるばかりでは委縮してしまいかねない。

世界が一体化しつつある今日、もはや「叱る文化」だけでは通用しなくなってきている。長所を伸ばし、個性を重んじる「褒める文化」の良さを、もっと取り入れる必要がありそうだ。

「叱る文化」が妥当する前提には、確立された価値観や守るべき安定した状態があると思われるが、現状は多様化と言いながら、その実、普遍的な価値観が見失われ、社会の様相も激しく移り変わりつつある。

叱ることが難しい状況だと言えよう。

いまや日本社会は褒めることも叱ることもできない、実に曖昧《あいまい》模糊《もこ》とした無定見、無責任な状態に立ち至っている。

それを如実に表しているのが、先日発表された文部省による日、韓、英、米、独の五カ国で小学五年生と中学二年生を対象に実施した、家庭でのしつけに関する比較調査である。『朝日新聞』（二月五日付）は一面トップで「正義感や道徳心　家庭で教えない」「近所がしからぬ　6割」の見出しで、その概要を報じた。それによると、日本の家庭では社会のルールや道徳を教えることが他の国々に比べて極端に少ないという。

褒めるにせよ、叱るにせよ、基準、尺度がいる。信念、力を要する。そのいずれもが影の薄くなっている今日である。

親神様の教えを心の定規、信条として通るお互いであるが、適切に褒め、叱るには、何よりもその根底に親心がなければならないと思う。

（立教163年4月9日号）

脳死は「出直し」か

どの宗教にとっても、死の問題は極めて重要な位置を占めていると言ってよい。それぞれの教えの死生観と、教義や信仰の形態には深い関《かか》わりがある。

それだけに、従来からの死の観念に変更を迫る脳死概念の登場は、見過ごすことのできない問題をはらんでいる。

脳死の定義や、その判定の仕方はさまざまだが、ここではそうした議論には立ち入らず、一応、最大公約数的に、脳は回復不可能なまでの損傷を受けているが、人工呼吸器などの生命維持装置によって、呼吸と血液循環を維持している状態としておく。

脳死の問題が喧《やかま》しく議論されるようになったのは、脳死状態からの臓器移植が取り沙汰《ざた》されるようになってからのことである。また、その背景には医療技術の進歩があることは言うまでもない。

本教では、私たちの身体《からだ》は親神様からの「かりもの」であり、心だけが自分のものである、その心遣い通りに身の内をはじめとする一切をご守護くださると教えられる。従って、心身は不可分の関係にある。

身体は親神様からのかりものである以上、いつかはお返しすることになる。それを「出直し」という。

この出直しという表現に既に含意されているように、死は単なる生の終わりではなく、来生への出発である。それぞれの魂に新しい身体を借りて、またこの世に生まれ替わってくるのである。

ここで問題になるのは、まず「脳死状態はかりものを返した状態であるか否か」である。本教の葬送儀礼の上から言えば、「みたまうつし」をした時点で魂は肉体を抜け出たとされる。一般的に言っても、人の死は単に生物学的な個体の死というだけでなく、社会的性格を持っている。とりわけ身近な者にとって、直ちには受け入れがたいものがある。

葬送儀礼は個人の死を社会的に認知、受容するための手続きでもある。

しかし、儀礼としての「みたまうつし」を行わない人々の存在を考えに入れるならば、いま少し実態に則して「かりものを返す」ということについて考察する必要があろう。

ところで、「かりものを返す」とは、単に物としての身体を返すことであろうか。考えてみれば、息を引き取って間もない亡骸《なきがら》は、見たところ眠っているようにしか思えないものである。しかし、その身体を構成していた物質は何一つ失われていないにもかかわらず、既に身体は分解を始めている。従って、たとえ「みたまうつし」をしていない亡骸であっても、この既に冷たくなった身体は、もはや「かりものを返した状態」と見なしてよいと思われる。

かりものとは、単に物質としての肉体を借りているということではなく、むしろ働きを借りている、即《すなわ》ち、親神様のご守護によって生かされて生きているということではないか。言い換えれば、身の内に頂いていたご守護、お働きが失われた状態を「出直し」というのではないか。

脳死状態での妊婦の出産例さえ報告されていることを思うと、たとえ補助手段を用いているにせよ、人体としての営みが維持されている以上、脳死は未だ《いま》「かりものを返していない状態」と言わざるを得まい。

子どもから大人への過渡期

（立教163年5月21日号）

ゴールデンウイーク中に、十七歳の少年が見も知らぬ人たちを殺傷する事件が相次いだ。ともに成績の良い、おとなしい生徒といわれながら、一方は第一志望の高校に入れず中退後悶々《もんもん》とした日を送っていたといい、他方はスポーツもできる模範的な高三生だったという。

この年代はちょうど、子どもから大人への過渡期といってよい。最も生命力に溢《あふ》れた年代でありながら、希望と不安、自尊心と劣等感が交錯する多感で傷つきやすい時代でもある。若さの輝く、みずみずしい年ごろである半面、抑圧されたエネルギーが、時に暴走しかねない危険性を秘めてもいる。

一見、対照的な二人だが、そのいずれにも受験戦争が影を落としているように思われる。

十七歳は大学受験を控えた年齢、すなわち、いまや国民病とも言うべき受験競争のゴールを目前にした年齢である。いや応なしに将来の進路と限界を見極めさせられる時でもある。それは受験体制の外にはじき出された者にとっても無縁ではない。むしろ、一層のもどかしさ、苛立《いらだ》ちを募らせるものがあるだろう。

また、お受験ママが羨《うらや》むような優等生が「将来に希望を持っていない」と述べているところに、少年の抱える心の闇《やみ》の深さと受験競争の虚《むな》しさが窺《うかが》える。受験レースの相対的上位者といえども、自分の手の届かないところでふるい分けられていく状況に、我慢ならないものを感じていても不思議ではない。少々成績が良くても、望み通りというわけにはいかない。そのギャップは、周囲の過大な期待とも相まって、ストレスを強める。

しかし、こうした状況はほとんどの十七歳に共通のものである。そこへ、伝えられているような周辺の事情が重なって暴発したということであろうか。その意味では、今回のような事件の予備軍は多いと言わねばならない。厳罰を、との声も聞かれるが、少年たちの自己破滅的な行為は、そんなことでは抑えられまい。むしろ、行き場のない若いエネルギーをいかに善導するかが問題だろう。

◇

立教163年（2000年）

自分たちの十七歳を振り返ってみても、甚《はなは》だ危なっかしい年ごろだったと思う。

その後の数年も含めて、悩み多い時代を大した脱線もせず切り抜けることができたのは、やはりまず家族の絆《きずな》、何よりも親の思いに守られていたからだと思う。さらには友人たちに支えられ、励まされもした。

もう一つ、事件を起こした少年たちと決定的に違うのは、鬱屈《うっくつ》した思いのはけ口を、他人に向けようなどとは夢にも思わなかったことだ。

それは「人をたすける」ことを旨とする道の信仰の中に育ったありがたさでもあろうか。

先の二人ばかりでなく、若者たちの、弱者を狙った犯罪が繰り返されることに一層寒々としたものを覚える。生き残り競争が弱者を見下す習性を植え付けでもしたのだろうか。自己中心的発想の極みである。

考えてみれば、十七歳は別席を運び始めることのできる年齢である。言うまでもなく、別席は人だすけの道具であるおさづけの理を戴《いただ》くために、お話の理によって心を洗い立てていただく場である。

子どもから大人への移行とは、まさに、自分中心から人だすけのできる人間への成長であるべきだということではないだろうか。

「神一条の道で治める」

（立教163年7月2日号）

第四十二回総選挙は六月二十五日、全国三百の小選挙区と十一ブロックの比例区で投票、即日開票された。選挙の結果は、周知のごとく、自民、公明、保守の与党三党はそろって議席を減らすという逆風が吹いたが、勝敗ラインとされていた安定多数を確保、連立政権は維持される見通しだ。

今回の総選挙では、有権者のほぼ半数を占める無党派層の動向が注目された。首相の「寝たまでいてもらいたい」という発言もあって話題を集めたが、旋風とまではならず、投票率も前回と比べ微増にとどまった。しかし、出口調査などによると、投票した無党派層の六、七割は野党に投票したようだ。それが与党の議席の大幅減につながったと言えよう。

その意味では、数合わせの巨大与党体制や利益誘導的な手法が批判を受けた形だ。

考えてみれば、固定した支持基盤というのは、何らかの見返りがあってのことか、思想・信条を共有、あるいは共鳴するかしてのことだろう。政権を握る側が利益誘導を売り物にするのは常と言うべきか。逆に言うと、そういう固定した利害関係や思想的紐帯《ちゅうたい》を持たないのが無党派層である。

ところで、今回は「二十世紀最後の総選挙」といわれ、また明治二十三年に実施された第一回総選挙からちょうど百十年、さらに有権者が初めて一億人を突破したという大きな節目の選挙でもあった。

実は、この第一回総選挙に言及された「おさしづ」があり、その中には国会という語が三度も登場する。その一節に、「これから先は神一条の道。国会では治まらん。神一条の道で治める」（明治24年2月7日）とある。これは、教祖五年祭を勤めるに先立っての心構えをお諭しくださった刻限のさしづの中のお言葉だが、そこで神一条に対比されているのは、人間の心である。言い換えると、神にもたれることのできない、自分中心の心である。

今日においても、私たち道の信仰者としては、やはり、世界の真の治まりは神一条の道によってもたらされるという根本を忘れてはならないと思う。

本教でも、かつて戦後しばらく、国会に議員を送った時期があった。しかし、その後、昭和三十一年ごろから反省が生まれ、個人として国政に参加することは構わないが、教団が党派をつくって勝敗を争うがごときは神一条の道でないとして、政治の世界とは一線を画することになった。とは言うものの、社会に生きる道の信仰者としては、政治に無関心ではいられない。信仰を一

立教163年（2000年）

人でも多くの人に伝える努力を払い、結果として〝ようぼく議員〟が増えることを願うものであるが、選挙に即して言えば、より教えの精神に近いと思われる候補者や党派に投票するということになろうか。

「世界一れつたすけたい」との教えの本旨からしても、それは決して、特別に優遇してくれたり、有利な計らいをしてくれたりするというような規準ではなく、抽象的な表現だが、国の全体、さらには世界全体とその将来を考え、行動する人という尺度ではないだろうか。

（立教163年8月13日号）

ヒトゲノム解読の受け止め方

去る六月二十六日、人の遺伝情報の全体であるヒトゲノムの読み取りが、ほぼ完了したことが米英首脳から同時発表された。

これは二十世紀後半に目覚ましい発展を遂《と》げた分子生物学の一大金字塔といえるだろう。そのこともあってか、マスコミでもヒトゲノム関連のニュースや特集が目につくようになってきた。どの記事でも例外なく、ヒトゲノムの解読がもたらす可能性とともに、懸念についても論じられている。

ある科学者は、将来は遺伝子の異常による先天的な病気を防げるということから、さらには、知能や運動能力、芸術的才能、果ては容姿に至るまで、望みの資質を持つ遺伝子を組み込んだ子どもを作り出すなど、いろいろな夢を語っていた。その一方、個人の遺伝情報の管理の問題や商業化のゆき過ぎ、さらには神の領域とされてきた進化の過程に人の手を加えることを危惧《きぐ》する声も少なくない。

現段階では、子孫にまで影響を及ぼす、人に対する遺伝子操作は、どの国でも認められていないが、原理的に可能なことは、既に遺伝子組み換え作物が出回っていることからも明らかである。また、ヒトゲノムがほぼ解読されたといっても、それは構造についての情報であって、遺伝子の機能面についてはこれからということだから、オーダーメードの子どもを作るといった話が現実の問題になるのは相当先のことだろう。

しかし、ヒトゲノム情報の部分的利用ともいえる血縁関係の有無を調べたり、犯人を特定するためのＤＮＡ鑑定、また、遺伝性の病気や発病の可能性を調べる遺伝子診断は既に広く行われている。

また、ＤＮＡの比較によって生物の進化の過程を探る研究や、日本人のルーツを辿《たど》るといった試みも一定の成果を挙げている。

半面、究極の個人情報であるだけに、プライバシー保護や差別の問題も起きている。

現に、遺伝性の病気を持っていることによる就職や結婚、あるいは保険加入をめぐる差別の問題が報じられ、倫理面での対応の遅れが指摘されている。

さらには、診断すること自体の是非を問う声もある。

特に、治療法がまだ確立されていない病気の因子を持っていると知るのはつらいことであるが、やはり一番の問題は、その結果を本人や周囲がどのように受け止めるかということではないだろうか。

その受け止め方次第では、ハンディはあっても、健康であることを当たり前として生きている者よりも、充実した生き方をすることも可能だろうし、多くの人とかけがえのない心の絆《きずな》を結ぶこともあり得よう。

本教では、「十五歳までの身上、事情は親々に対する、十五歳以上のそれは銘々《めいめい》の心遣いについてのお知らせ」と教えられ、それぞれにふしを通しての理の思案が求められる。

その点では、後天的な要因が大きいほとんどの病気と遺伝性の強い病気とでは、幾分異なる面があるように感じる。遺伝性の強い病気となれば、双親《ふたおや》どころか、その何千年、何万年の歴史の中でかかわる親々の数の厖大《ぼうだい》さを思うと、ほとんど社会のいんねん、さらには人類のいんねんと考えるべきではないかという気がする。身近な者はもとより、誰《だれ》もが我がことと受け止めることが必要ではないか。

その受け止め方、対処の仕方に一人ひとりの人生観、信条が問われ、社会の品位が問われているように思う。

スポーツと陽気ぐらし

（立教163年9月24日号）

シドニー・オリンピックが開幕した。今日では国威発揚というより、むしろ商業化、プロ化の傾向が指摘されているが、それでも開会式には感動的なものがあるし、天理勢が出場する柔道ともなれば手に汗せずにはいられない。

近代オリンピックのルーツ、古代ギリシャのオリンピア祭は、守護神ゼウスを讃《たた》え、ギリシャ世界の統一を謳《うた》う神聖な儀式であった。その間、全土で休戦が宣せられ、互いに争う都市国家同士を和解に導く役割をも果たしたとされる。

そのオリンピックを復興し、スポーツを通じて世界平和の構築と維持に寄与することがクーベルタンの理想だった。

開会式で実現した南北朝鮮選手団の統一入場行進は、この理念に沿うものであり、見る者の胸を熱くした。

二代真柱様は、当時のＩＯＣ会長をして「オリンピック運動の偉大なる信奉者」と言わしめたほどにスポーツを奨励されたが、その背景には「かしもの・かりもの」の教理があったことは想像に難《かた》くない。すなわち、スポーツを通して、かりものである身上《みじょう》に凝縮された十全のご守護を実感し、喜び、感謝するとともに、さらには国境や宗教、言語の別なく、等しく親神様からのかりものである身体《からだ》を通して交流し、友好を深めることで世界の平和にも寄与するということである。

◇

若いころ、体育学の教授から「日本人はすぐに勝ち負けを尋ねるが、欧米では『エンジョイ?』って言うんだよ」と聞いて感心した記憶がある。

スポーツという語の原義は「遊ぶ、楽しむ」ことだという。

遊ぶというと、何か不まじめな印象を持ちやすいが、碩学《せきがく》ホイジンガは、遊ぶことは人間の本質的側面であり、文化は遊びの中で、遊びとして発生し、展開してきたとさえ言う。そして、日常生活や利害関係から離れていることにこそ、遊びの本領があるとする。

「おふでさき」には、

月日にわにんけんはじめかけたのわ　よふきゆさんがみたいゆへから　（十四号25）

と、人間創造の目的が述べられているが、この「遊山」という語も、元来は仏教用語で、「一点のくもりもないはればれとした心境になって、山水の美しい景色を楽しみ、悠々自適に過ごすこと。また、他山に修行遍歴の旅をすること」（日本国語大辞典）だという。

陽気遊山とは、明るく、活気に溢《あふ》れ、しかも俗塵《ぞくじん》を去り、澄み切った、何事をも楽しむゆとりある境地と言えようか。決してドンチャン騒ぎに浮かれたりすることではない。

こうしたことを考え合わせると、理想の陽気ぐらし世界は、単に争いや飢えがないだけではなく、スポーツや芸術といった本来の意味での遊びの要素が欠かせないのではないかと思われる。

もっとも、自分だけが楽しむのではなく、「皆《み》んな勇ましてこそ、真の陽気」（おさしづ　明治30年12月11日）という大原則を忘れてならないことは言うまでもない。

ちなみに、プラトンによれば「神に捧《ささ》げられた遊び（祭儀）は、人がその人生の中で尽くす努力のうち最高のもの」だという。

対等な人間の助け合い

（立教163年11月5日号）

ある総合雑誌が「何故《なぜ》人を殺してはいけないのか」と子どもに聞かれたら、というテーマで特集をしていた（『文芸春秋』十一月号）。

少年による不可解な殺傷事件が相次いだことからの企画だろう。テレビの討論番組で一少年が発したこの問いに、大人たちが絶句したことから一躍話題に上るようになったフレーズだという。十四人の識者が答えているが、その中には仏教の不殺生戒《ふせっしょうかい》やモーゼの十戒を引用しているものもあった。

自分なら、お道の人間として、どのように答えるだろうかと考えてみた。

「人を殺してはいけない」というのは倫理的な命題であって法律的な表現ではない。因《ちな》みに刑法には「人ヲ殺シタル者ハ死刑又《また》ハ無期若《もし》クハ三年以上ノ懲役ニ処ス」とあって、〝殺してはいけない〟とは書かれていない。

元来、法律は倫理に実効性を与えるために強制力を持たせたものと言えるだろうが、いずれにせよ、社会的存在である人間が、社会の秩序を守るためのルールとして生み出したものだろう。

人間が集団をつくることは本質的なことである。牙《きば》や鋭い爪《つめ》、丈夫な外皮を持たない人間は、集団をつくり、助け合うことによって、日々の生活を維持し、外敵から身を守ってきた。

集団にはルールがつきものである。小さな集団では、成員は互いに顔見知りで、ルールといっても申し合わせ程度のもので済む。法と倫理は未分化の段階だ。集団が大きくなるにつれ、互いの顔が見えにくくなり、ルールも成文化される必要が生じてきたのだろう。

だが、法といい、倫理といっても、絶対不変のものではない。社会の変遷とともに変わり得るものである。

法が統治者に都合良く定められるのは仕方のないことである。悪名高い「生類憐《しょうるいあわれ》みの令」のように、時には権力者の恣意《しい》によって人倫にもとる悪法が制定されることもある。倫理にしても、かつては美徳とされた仇討《あだう》ちや女性に対する「三従の教え」は、今日では全く通用しない。

では、今日の民主的な社会における倫理の最も基本的な性格は何だろうか。それは公正さではないかと考えられる。成員が相互に対等であり、その諸権利が平等なことだろう。

江戸時代なら、殿様による手討ちがとがめられることはなかっただろうが、対等な社会では許されるものではない。

そのように考えると、平等な社会では、「他者の一切の権利を奪ってしまう殺人は、最も許されない行為である」と納得される。

それは「高山にくらしているもたにそこに　くらしているもをなしたまひい」（おふでさき　十三号45）であって、人間に高低《たかひく》はないとする本教の教えとも整合する。

尤《もっと》も、このように結論づけても、社会やルールといったもの自体をうとましく思い、自暴自棄に陥っている少年には何の説得力もないかもしれない。むしろ、その孤立感、相手のことなど考えられない精神状態こそが問題なのだろう。

本教には「人を殺すなかれ」というような戒律はない。また、そうした物言いは、教祖の教えにはそぐわないだろう。教祖の場合、それに対比できるお言葉は「人を救《たす》けなされや」だと思う。不殺生戒が、人間存在の基本要件である生命を奪うという、いわば最悪の行為を禁じているのに対し、教祖は社会的存在である人間相互のかかわり方の最良のものとして、人をたすけることを求められている。

人はいまも社会の中で守られ、助け合っているお互い同士のはずだ。しかし、それがますます実感しにくくなっているのが実情である。

筆者なら、以上述べたように、対等な人間同士の大前提として「殺してはいけない」と言い、さらに人間存在の原点に立ち返って、「助け合う生き方」を探ろうではないかと付け加えたい。

科学は人間性を向上させたか

（立教163年12月10日号）

二十世紀は「戦争の世紀」といわれる。

戦争自体は大昔からあったわけだから、あえてそう表現するのは、過去に類がない大量殺戮《さつりく》、すなわち二度の大戦によって何百万、何千万という犠牲者を出した世紀だからだろう。

しかしその犠牲の一方で、世界の人口はこの百年で三倍以上にふくれ上がった。日本の場合も一九〇〇年の人口は四千二百万人で、今日の三分の一強にすぎなかった。

いずれもその根底にあるのは、科学技術の飛躍的進歩である。前者は、兵器の殺傷力の著しい増大、後者は、まずはその最も基本的な要件である食糧の増産を可能にした技術の進歩が挙げられる。

この二つの例に象徴されるように、二十世紀は、まさに科学技術がそれ以前のどの時代をもはるかに凌駕《りょうが》する大変動、激変をもたらした時代であった。その影響は人間生活のあらゆる領域に及び、「科学が人類を変えた」と言う人さえいる。

身近なところで振り返ってみても、百年前はおろか、五十年前と比較しても、想像もつかなかった文明の利器の数々に囲まれて生活している。

しかしどうだろう。人類を変えたといわれるほどの激変の時代を一代のうちに経験してきて、自分自身は一体どれだけ変わっただろうか。少なくとも、科学技術の恩恵を受けてどれだけ人間として進歩、向上したと言えるだろうか。ひょっとすると向上どころか退歩、堕落しているのではないかとさえ感じる。

ここで、先の説を「科学は人間性を向上させたか」と置き換えて考えてみる必要があると思う。日本の場合を見ても、産業の近代化に伴い、農村から都市へ人口が移動し、家族の形態も大家族から核家族へと移り変わってきた。今日ではその核家族さえ〝ホテル家族〟と呼ばれるような、各自が食事を別々に食べ、個室にこもって一人でテレビを見、パソコンをいじるといった家庭が増えている。

すなわち、生活が豊かになればなるほど、人間関係が希薄になっていくのである。こうしたことは大なり小なり先進国に共通する現象だろう。

考えてみれば、豊かであることが物質的な意味にとどまるならば、労力も含めて、望みの物が金銭で購《あがな》えるということであり、他人の助けをあまり必要としないということだ。従って、豊かになるほどバラバラになるのは必然ともいえる。

そもそも人間性（ヒューマニティ）とは、他者とのかかわり方の質の問題である。単に金持ちであったり、頭が良かったりといったことだけでは人格者とは見なされない。見方によれば、今日の物質文明はむしろ人間性を後退させているのかもしれない。

しかし一方では、交通手段や通信手段の発達によって国境の壁は低くなり、グローバリゼーションが盛んにうんぬんされるようになってきた。また核戦争の可能性や地球の環境破壊の問題により、いや応なしに人類が一つの運命共同体であることを思い知らされる。これらもまた、科学技術のしからしむるところである。

この現実は同時に、一れつきょうだいという教えが実感をもって受け止められ得る時代になってきたことをも示唆している。

科学そのものの善悪を容易に論じることはできない。科学技術自体はその性格上、これからもますます進歩していくに違いない。要は、それを追求する方向性、使い方の問題であり、人間の心の問題である。

来るべき新しい世紀には、科学技術を戦争や単なる個人的欲望の充足のためにではなく、人間の絆《きずな》を強め、互いにたすけ合う世の中をつくり出すための道具としたいものだ。

立教一六四年

（二〇〇一年）

「宗教の世紀」の幕開き？

（立教164年1月14日号）

二十一世紀を迎えたということで、マスコミもさまざまな新世紀特集を組んでいる。その中で『中央公論』（一月号）が〝「宗教の世紀」の幕開き〟という座談会を、また、『毎日新聞』（一月一日付）では〝宗教と科学が出合う新世紀〟という大見出しで、河合隼雄氏へのインタビュー記事を掲載しているのが目についた。

前者のリードには、「閉塞《へいそく》した時代に、宗教が果たすべき役割とは？」とあり、後者のそれには「河合隼雄さんは『こころの時代』のカリスマである」とあった。いずれも、二十世紀は物質文明が隆盛を極めた一方で、心の問題をおろそかにしてきたこと、また、その限界や負の部分がいや応なしにクローズアップされ、人類全体の将来に漠たる不安を投げ掛けているという認識がみてとれる。

しかし、内容的には、いずれも近代科学の行き過ぎや限界を是正し、克服するための手掛かりを宗教に求めるという程度にとどまり、果たすべき積極的な役割を述べるには至っていない。

そこには、自分の信仰について語ることをタブーとしてきた近代日本の精神的風土からくる限界もあるだろう。また、だから「宗教心は必要だと思うが、自分は特定の宗教を信じていない」といった訳の分からない物言いが罷《まか》り通ることにもなる。

抽象的な宗教などというものはない。あるのは、個々の信仰だけである。

前述のような論調は決して目新しいものではない。バブルのはじけたころからだろうか、これからは「物の豊かさより、心の豊かさを」ということが盛んに言われだした。それはそれで、物や金に振り回された生き方の行き詰まりと、それへの反省を反映したものだったと言えよう。

しかし、「心の豊かさとは何ですか」と尋ねてみると、それが漠然とした気分的なものに過ぎないことが露呈する。

例えば「もう会社人間はイヤだ」「これからは家族を大切にし、余暇を楽しむ生き方をしたい」といった声が聞かれたものだ。しかし、家族を大切にし、レジャーや趣味を楽しむという程度では、とても心の豊かな人とは言えないのではないか。

「心の豊かさ」の内実をイメージするには、逆に「心の貧しさ」をイメージしてみるのがよい。心の貧しい人と言えば、まず思い浮かぶのは、自分の損得、それも目先の損得しか眼中にない姿ではないだろうか。さらには、欲望を自制できないあさましさ、なりふり構わぬ厚かましさ等々。

そのように考えると「心の豊かさ」の要件は、まず、周囲の人々への心配り、思いやりの心遣いと振る舞いができることではないかと思う。そして、その及ぶ範囲と度合いが豊かさの尺度になる。

結局、「豊かな人」とは、自分のために多く所有する人ではなく、世のため、人のために心を使い、物を使える人ということになろうか。

その「心の豊かさ」の極めつけを、教祖は「人をたすける心」だと仰せになっている。

話を最初のテーマに戻せば、科学技術の目覚ましい進歩は多くのことを可能にしてきたが、まず、どれほど多くの物を身に付けても、決して真の満足には至り得ないことを知らねばならない。

また、かつては想像すらできなかったことが可能になったと言っても、既に頂いている十全なるご守護の絶大なることに比べれば、取るに足りない小さなものだということを自覚する必要がある。

それを知らず、多く身に付けることが幸せにつながると錯覚し、あくまで欲望を追求することは、却《かえ》って既に恵まれているかけがえのないものを損なう事態に陥りかねない。

日々のご守護を喜び、感謝する心と人をたすける心、これが人類の、そして一人ひとりの未来を開くキーワードであることを、信念を持って伝えていこう。

立教164年（2001年）

クローン人間に異議あり

（立教164年2月25日号）

一月末、米国とイタリアの不妊治療の専門医チームがクローン人間を誕生させる計画を発表、各紙とも大きく取り上げた。

不妊夫婦を対象に、例えば、夫の体細胞の核を、核を除去した妻の卵子に移植し、夫と遺伝的に同一の赤ちゃんを誕生させることなどが考えられるという。

不妊治療としているが、ことはそれにとどまらない。既に昨秋、ヨーロッパに本拠を置く新興宗教団体が、医療過誤で死亡した男児の細胞を使ってのクローン人間作りに着手すると発表していることからも分かるように、コピー人間作りに道を開くことになる。

仮に自由にクローン人間を作れるとしたら、イチローのクローンを九人そろえた野球チームも可能だし、ノーベル賞級科学者のクローンを大量に養成する国や企業が出てくるかもしれない。

現段階では、未知な面が多いだけに、安全性や社会的影響の面から懸念する声が強く、世界の趨勢《すうせい》は人間の再生に否定的といえる。

しかし、先の医師たちは「クローン人間のどこが悪い。最初はなんでも反対される」と開き直って計画を進める構えだ。

◇

お道の教えに照らして言えばどうなるだろうか。

元初まりの話によると、陽気ぐらしを見て共に楽しみたいと思召《おぼしめ》された親神様が最初になさったことは、夫婦の雛型《ひながた》をこしらえることであった。その雛型に月日親神様が入り込んで元の子数を宿し込まれたところに、今日の人間に至る歩みが始まった。その宿し込みの地点がぢばである。

従って、「夫婦の間での宿し込み」には極めて大きな意味がある。それは、「このよのぢいとてんとをかたどりて　ふうふをこしらへきたるでな　これハこのよのはじめだし」（みかぐらうた　第二節）と仰せになっているところでもある。

夫婦の間に宿し込まれ、生まれ出て、父母の親心に育《はぐく》まれる期間の如何《いかん》は、人生に決定的な影響を与えると言ってよい。

◇

クローン人間の一番の問題点は無性生殖であり、子どもとしてではなく、年齢の隔たる一卵性双生児として生まれ、育つことであろう。

その意味では、最初に挙げた「不妊治療のため」という表現も欺瞞《ぎまん》的だ。妊娠できるように治療するというのではなく、夫の遺伝子のみを持つクローンを作るという代替手段だからである。

子どもに恵まれなかった夫婦が何とかして子どもを、と望む気持ちは理解できるが、「おさしづ」には「子多くて難儀もある、子無《の》うて難儀もある」（明治21年2月15日）と、子どもがあればいいというものではないと諭される。これはまた、子どもが無いが故にできることがあるということでもあろう。

どうしても子どもが欲しい、という場合は、養子をもらうのが筋ではないだろうか。「嫁入って来た娘は、他家に預けてあった実の娘が帰って来た」という説に倣《なら》えば、養子に来る者も魂のいんねんに結ばれた、いわば実の親子だと考えられる。

さらに言えば、実子でも自分の遺伝情報の二分の一、孫では四分の一と、二、三百年もすれば、血がつながっていると言っても遺伝的影響は微々たるものにならざるを得ない。それを寂しいと感じるよりも、むしろ、大勢の人々の中に融《と》け込むと受けとめるべきではないか。翻《ひるがえ》って考えれば、現在の自分自身が、元一つに発する無数の先祖の血を受け、いま生きているすべての人と形質を分かち合っている真実に目覚めるべきであろう。まさに、一れつきょうだい、他人はない。

また、身体《からだ》はかりものという上からすれば、かりものの情報であるDNAの伝承に執着するよりも、その奥にある我がのものである心、魂の伝承にこそ拘《こだわ》るべきだとも言えよう。

究極の教えを無宗教の民に

（立教164年4月8日号）

日本人が無宗教だという話は聞いていたが、『世界23ケ国価値観データブック』（電通総研、余暇開発センター編）を見て驚いた。何らかの宗教を持っている人の割合が三七・八パーセントと、比較対象国の中で最低なのだ。

これは、フィリピンやスウェーデンのような一〇〇パーセント近い国はおろか、日本に次いで低いドイツやロシア、韓国でも宗教を持つ人は五〇パーセント以上あり、格段に低い数字である。

一方、「神はある」とする人が四三・五パーセントあり、「最近、教会や社寺に参った」という人は八七パーセントいるという、一見矛盾するデータもある。

こうした傾向は、どのように理解すればよいのだろうか。

『日本人はなぜ無宗教なのか』（阿満利麿著）によると、日本には古来、自然発生的で特定の教祖や教典を持たない「自然宗教」の伝統があり、特定の宗派に限定されることに抵抗があるのだという。そして、宗教心が無いわけではない証拠が、今も年中行事として繰り返される、初詣《はつもうで》の人出やお盆の帰省ラッシュだとする。

また、同書は、加えて明治以降の近代化の過程で唱導された「国家神道」が、自分の信ずる宗教、宗派を公然と口にすることを憚《はばか》らせる空気を生み出したとも述べている。

これらの日本的背景に、科学技術の飛躍的進歩が輪をかけたということになろうか。

いずれにせよ、ますます自然宗教的な土壌が失われ、盆や正月の宗教的意味も薄れていく今日では、日本人は到底、信心深い国民とは言えないということになるだろう。

大方の人は平生、特に何事もない時には、とり立てて人生の意義や目標を意識することなく生活している。しかし、ひとたび何かの困難に遭遇すれば、その困難が大きければ大きいほど、人生の根本命題を見つめることなしには乗り越えられるものではない。気安めの参り信心では、そうした時の拠《よ》り所《どころ》にならないし、まして科学は何の安らぎも与えてくれない。

『諭達第一号』で指摘されているように、大きくは環境問題から家族の崩壊まで、誰《だれ》もが潜在的な不安を抱えている今日の世界である。また現に、さまざまな問題で悩み苦しんでいる人も少なくない。

それは、心の拠り所を持たない人たちには一層深いものがあるに相違ない。

だめの教えが啓《ひら》かれた国の民に無宗教の風潮がより強いというのは、皮肉な気もするが、そこに嘆かわしさや布教の困難を感じるのではなく、むしろ究極の教えを必要としている人たちが大勢いると捉《とら》えるべきなのだろう。また、ようぼくには、そうした人々にたすけの手を伸べる責務、使命があると言えよう。

現代社会の諸問題を討議する会議体である「天理やまと文化会議」の席上で、弁護士でもある教会長がいみじくも「お道の教えは、どんな問題にも対応できるという確信が湧《わ》いてくる」という感慨を漏《も》らしたことがある。議長を務める筆者は、この言葉を思い浮かべては、心励まされるものを覚える。

このたすけ道がその本領を発揮するには、たすけ一条の取り次ぎ場所であり、たすけ一条の道場である教会が、その役割を十分に果たすことが欠かせない。

いま、その芯《しん》である教会長の一層の自覚と不断の研鑽《けんさん》が求められる所以《ゆえん》である。

（立教164年5月20日号）

ゆとりの教育を実あるものに

先に二十一世紀の初等中等教育の指針として提示された新学習指導要領は、完全週五日制の実施に向け、小中学校では教育内容を三割程度減らし、基礎的、基本的な内容を全員にきちんと身に付けさせることを目指すという。

また、「総合的な学習の時間」が設けられ、自ら学び、考える力の育成を図るとしている。「ゆとりある教育」「個性の尊重」がそのうたい文句だ。

しかし、来年四月からの全面実施（高校は再来年）を控えて、各方面から戸惑いの声も聞かれる。その代表的なものは学力低下への危惧《きぐ》である。国力の衰退につながる、という意見から、不安にかられる親たちの塾選びまで、種々の懸念が語られている。

これに対して、教育の規制緩和であり、いわゆる〝できる子ども〟にとっては従来より高度な内容を学習する道が開かれていることから、国際競争力を付けるための先端科学技術力の強化やエリートの育成には有効だと歓迎する向きもある。当然その一方では、学力差の拡大を憂える見方もある。

また、「ゆとり」は、怠惰や非行の温床になる、むしろ勉強に追われるぐらいの方が良いという説もある。

実にさまざまな捉《とら》え方があるものだ。いずれにせよ、共通しているのは、文部科学省のいう「ゆとり」や「個性尊重」が額面通りには受け取られていないことである。そしてその背景には、過度に競争的な教育制度と指摘される受験戦争の存在と、それを生み出す根深い学歴信仰がある。

立教164年（2001年）

今日では少子化の影響で高校入試の競争倍率が下がり、大学にしても有名大学を除けば推薦制度の拡大、受験科目の減少により、過度な競争などもはや存在しないという意見もある。

しかし、産業の構造や形態の変化が激しい今日では、特別な才能や環境に恵まれた者以外は、少しでもレベルが高いとされる学校へ入ることが、将来の可能性を広げ、より良い生活に結び付くと考えるのは無理からぬことである。かくて受験熱は一層低年齢化し、猫も杓子《しゃくし》も塾通いをすることになる。

つまり、いかに指導要領をいじろうと、入試制度を変えようと、受け入れ先である社会の意識が変わらなければ競争は緩和されないのだ。

なるほど学力は社会人、職業人の素養として重要なものの一つには違いないが、それ以外にも、体力や感性、協調性、積極性、忍耐力など、良き社会生活、人生を送るために大切な資質は数々ある。

受験一辺倒の勉強は、そうした数値で計れないものをおろそかにしがちだ。

もっとも、日本の子どもは家庭で勉強をしなくなったというデータもあるようだから、むしろ親の意識と子どもの実際にはギャップがあると言うべきか。そのギャップにこそ、さまざまな問題の根が潜んでいるのかもしれない。

結局のところ、教育をグローバルな競争に勝ち抜くための手段、また、個人においても社会でも、生存競争の勝者となるための手段と考える限り、週休二日も、内容の三割削減も「ゆとり」には結びつくまい。

時間的なゆとりを心豊かな生き方に結びつけるには、競争といった自己中心的な観点の転換が必要だろう。

少なくとも道のお互いは、せっかくのゆとりを怠惰に流れたり、新たな塾通いをさせるのでなく、子どもたちの心の豊かさを育《はぐく》む機会として生かす配慮をしたいものだ。そして、教会や教区、支部といった地域の活動においては、子どもたちの自由な時間の受け皿となって、生涯の心の糧《かて》を身に付ける場やプログラムを用意したいものだと思う。

（立教164年7月1日号）

急増する子どもへの虐待

厚生労働省の発表によると、平成十二年度に全国の児童相談所に寄せられた児童虐待の相談件数は前年度の一・六倍、十年前の十七倍に当たる一万八千八百件に上るという。

従来は「しつけ」として容認されてきたものが、虐待と認識されるようになってきたことや、昨年十一月の「児童虐待防止法」の施行により表面化したものがあることも急増の一因ではあるが、それだけではなく、現代社会の病相を反映した現象であるといえよう。

しかも、表面化したものは、事件性の強いものに限られ、氷山の一角にすぎないとされているから事態は深刻である。

子どもを死に至らしめるような極端なケースでは、アルコール依存や酒乱、不就労といった親自身の問題や離婚、再婚、あるいは早すぎる妊娠、結婚などが絡むことが多いようだ。

しかし問題は、大半の子どもへの虐待（そのほとんどが表に出ない）が、ごく普通の家庭で起きているということである。

また、虐待の六〇パーセント以上が実母によるというのもショッキングな数字だ。

そこからは、核家族化や少子化が進み、子育てはおろか乳幼児に接する機会さえ少なく、しかも親々の助言を受けることもできない、不安を抱えた若い親たちの姿が浮かび上がる。

また、地域社会の人間関係は希薄で、子育ての悩みを相談する相手もいない。

そのうえ、〝会社人間〟の夫の協力がないとなると、母親にかかる精神的負担は相当なものであろう。

この児童虐待に限らず、家庭の危機、崩壊といったことは欧米でも深刻な問題になっている。それは三年前、ローマで開かれた「天理教とキリスト教の対話」においても、「家族と現代世界」のテーマで取り上げられ、シンポジウムの後、『健全な家族こそ社会の基礎』と題する共同声明が出された。

筆者自身、声明の起草に携わったが、その一節に「生命の聖域」という表現がある。これは家庭が次代の生命を生み育てる場であるとともに、世間の波風から子どもを守る場でもあることを意味する。

その子どもを保護すべき家庭が密室の虐待を生むという逆説。誰《だれ》よりも甘えることができ、頼れるはずの親から酷《むご》い仕打ちを受ける子どもの悲惨な運命は想像を絶するものがある。心に生涯消えることのない傷（トラウマ）を負うことにもなろう。

こうした虐待の背景には、夫婦間に問題があるケースが少なくないともいわれている。

先の共同声明でも、「親がその役割を十分に果たすためには、夫婦の心を一つに治めることが肝心である」として、本教側としては「ちよとはなし」のお歌を引いて、夫婦の和は、家庭の平和のための原理であるだけでなく、世界のたすかりのための原則であることを強調した。

われわれようぼくとしては、身の回りにもあり得る、そうした痛ましい状況に目を向け、もし虐待の気配を感じたら、公的機関にも連絡を取り、子どもを保護する手立てを早急に講じるべきことは言うまでもないが、同時に、親たちの置かれている困難な状態を理解し、援助の手を差し伸べたいものである。

さらに言えば、虐待の多くが誰もが犯しかねない現代社会の病弊であることを思う時、そうした事態に立ち至る前に、夫婦の和を基本とする家庭のあり方を伝えられればと思う。ひいては「親が子となり、子が親となって……」と教えられるように、子どもは単に親の所有物ではなく、連綿と受け継がれてきた生命のバトンの証《あかし》であることを解し、敬意をもって接することができるまでに導かせていただきたいものだと思う。

（立教164年8月5日号）

「近代家族」の個人化

産業革命後の西欧に起源を持ち、われわれが普通の家族だと思い込んできた「近代家族」も、現在さまざまな面で揺らぎ、多様化しつつある。

「近代家族」は情愛家族だといわれる。情愛家族は何よりも夫婦の愛によって結ばれる。そして、その愛を体現する存在である子ども中心の家族になる。また、職住の分離が進み、家庭は安らぎの場として、愛に満ちた女性によって守られるべきだという性別分業が成立したとされる。

これは、近代以前の家族が家父長によって統治される経営体として、女性や子どももそれなりに一体となって経済活動に参加していたこととは対照的である。言い換えると、経営体としての裏付けを持たない家族を結びつけるのは情愛だということである。

しかし、今日では男女の平等化、共働きの増加、離婚率や非婚率の上昇、性の解放と、家族のありようを変える種々の要因が作用する中で、「家族の孤立化から家族の個人化へ」といわれる状況が進行している。その状況下で、離婚、家庭内暴力、子どもへの虐待、引きこもりといった家族をめぐる深刻な問題が、先進諸国を中心に増えている。

先日、海外在住の教友から、「離婚した子連れの女性が再婚（女性と―欧米では同性間の「結婚」を法的に認めている国がある）したが、その相手が子どもを虐待していた」とか、「中学生の娘を連れて再婚したが、その娘が相手の男性の子を妊娠、出産した」というようなおぞましい話を相次いで耳にした。

まさに、家族の崩壊の極みである。情愛家族から情愛が失われた時、その中心に位置するはずの子どもがいかに悲惨な境遇に陥るかを示している。

これらのケースに限らず、離婚するについてはよくよくの事情、やむにやまれぬ決断があったに相違ない。しかし、そこに、結婚に至る経緯や結婚以来の心遣い、通り方についての心底からの反省と今後に対する相当の覚悟、決意があってこそ再出発の契機となり得るが、さもなければ、かえって不幸を増幅しかねないことを思う。

翻《ひるがえ》って言えば、情愛家族といいながら、その実、性別分業に依存し、わが家わが子がかわいいという自己中心的な情愛を拠《よ》り所《どころ》とする「近代家族」の脆《もろ》さを感じる。

いかに家族のありようが多様化しているように見えても、子どもを生み育てるという最も基本的な機能は変わるものではない。それは元初まり以来の、そして、陽気ぐらしへと向かう生命の流れに参与する厳粛で根源的な営みである。

「ちよとはなし」のお歌には、夫婦は天地抱き合わせの理を受けるものであり、陽気ぐらしへの出発点であると仰せられる。夫婦こそが元であり、家族の核であることは時代を超えた大原則である。

また、どの夫婦もそれぞれのいんねんと通り方に応じてふさわしく組み合わされたことを忘れてはならない。

補い合い、たすけ合う二つ一つの間柄であることを肝に銘じたい。

同時多発テロに思う

（立教164年9月30日号）

〃息子よ〃と見出しの付いた写真に胸を突かれた。ニューヨークの同時多発テロで行方不明になった息子の肖像写真を背に、捜し疲れてうなだれる父親の姿だ。

同じ思いで奇跡を念じた肉親が何万人ということだろう。無差別テロの非道さがひしひしと伝わってくる。

ブッシュ大統領は、「これは戦争だ」と報復攻撃を叫んでいる。しかし、所在や範囲のはっきりしないテロリスト集団に対する戦争がどのような形をとるのだろうか。

犯行は厳しく裁かれねばならないが、一般市民をも巻き込む爆撃などによって報復が報復を呼び、しかも世界各地に飛び火したりすることのないようにと願う。

その意味では、米国ギャラップ社の調査結果「欧州や南米などでは国民の八割から九割が武力行使よりもテロの容疑者の身柄引き渡しと裁判を求めている」は、民衆の多くの願いを反映しているように思う。

道の信仰者として、この事態をどのように受け止めればよいのか、何をすべきなのか、あらためて考えさせられた。

戦いといえば、東西冷戦の終結後もチェチェンやボスニアなどで何万もの人々が命を落としている。そして、今もパレスチナをはじめ世界の各地で紛争が続く。

「おふでさき」の中で、唯一「戦い」という語の登場するお歌、「月日よりしんぢつをもう高山の　たゝかいさいかをさめたるなら」（十三号50）、を手掛かりに思案してみた。

このお歌に続いて「このもよふどふしたならばをさまろふ　よふきづとめにでたる事なら」（同51）と、戦いを治める根本の手立てはつとめだと仰せになっている。真実込めてのつとめに、親神様がお働きくださるということである。

また、これらのお歌に先立って、「高山にくらしているもたにそこに　くらしているもをなしたまひい」（同45）「それしらすみなにんけんの心でわ　なんどたかびくあるとをもふて」（同47）「これさいかたしかにしよちしたならば　むほんのねへわきれてしまうに」（同49）と、戦いや謀《む》反《ほん》の根は、元来同じ魂である人間同士が、何か高低《たかひく》があるように思うことにあると、ズバリ指摘されている。

高低には何も優劣や貧富だけでなく、自分たちの奉ずる信仰だけを絶対視して、他宗の信仰者を異教徒として敵視することも含まれよう。

それぞれが置かれている状況から各自のとる行動は異なっても、道の信仰者として弁《わきま》えるべきは、まずおつとめに世の治まりの願いを込めるということである。そして自らが、人には高低はないという精神を日々実践することであろう。

さらに、その精神を広く世界に行き渡らせ、互いにたすけ合う世の中を末代かけてもつくり出す努力を払うことが求められる。

そうした実践、努力を欠くならば、信仰者として不徹底であるばかりでなく、単なる傍観者のそしりを免《まぬか》れまい。

「世界は鏡」と仰せられるように、こうした衝撃的な出来事を通して、立教の本旨たる世界たすけの実動が急《せ》き込まれていることを感じる。

増える青少年の「引きこもり」

（立教164年10月28日号）

先だって、天理やまと文化会議の「ようぼくフォーラム」で、〝引きこもり〟をテーマに取り上げたところ、参加申し込みがたちまち定員に達し、教内でもこの問題に対する関心が強いことを感じた。

〝引きこもり〟とは、疾病を背景とせず、二十代までに問題化し、六カ月以上自宅に引きこもり、社会参加していない状態とされる。

国内に八十万人以上ともいわれ、男性（特に長男）に多いとか、中流以上の家庭に多いなどと指摘されているが、その要因はさまざまで、ひとまとめに論じるのは難しい。

いずれにせよ、人間関係をうまく結ぶことができず、コミュニケーション不全に陥り、社会参加できなくなっている若者の姿である。

誰《だれ》よりも引きこもっている本人が苦しんでいるに違いないが、家族もまたつらい日々を送り、時には家族が一種の引きこもり状態になり、社会と没交渉になることもあるようだ。

周囲にそうした人がいる場合、当人にはなかなか会えないだろうが、まずは家族に援助の手を差し伸べたいものだ。

その場合にも、罪悪感や孤立感にとらわれがちな家族の心情を和らげることを第一に、家族の対応や苦心を認め、いたわる気持ちを忘れてはならない。

そして、やがては、そのふしをきっかけに両親をはじめ、家族のあり方が変わり、本人もまたカラから脱《ぬ》け出せるようになるまで、根気よく世話取りをすることである。

先のフォーラムで基調講演した富田富士也氏は〝引きこもり〟という語を使い始めた、この分野の草分けの一人だが、打ち合わせや懇談の中で本教の教えの一端にふれ、大変関心を示された。例えば「ふしから芽が出る」と、困難を生き方の転換の契機ととらえる姿勢に感心され、自分も取り入れたいと語っておられた。

また、講話の中でも「還《かえ》る所がありますか」と聴衆に問い掛けられたが、それだけに「おぢば帰り」とか「ようこそおかえり」といった言葉が強く印象に残ったようだ。

筆者も講演や討論を聴きながら、父親の書斎よりも子どもの個室を優先する風潮は、まさに「肥を根にやらずに枝葉に掛ける」姿だと納得したし、事情の原因を誰かのせいにする「犯人捜し」はやめようとの説には、「心の病は当人よりも周囲の者へのお知らせ」だと浮かぶ。お道の者ならよく承知しているこれらのことも、世間には知らないが故に、ふしに出合って心を倒し、「この子さえしっかりしてくれたら」と嘆くばかりで、かえって泥沼から脱け出せない人が多いのである。

教外の人であっても、経験豊かな人の話には納得させるものがあるし、また、そうした人との対話を通して、一層お道の教えに対する確信を深め、問題に対処するヒントを得ることができると感じた。

医療制度改革の根本を考える

（立教164年12月9日号）

医療制度改革の大綱がまとまった。国民皆保険制度を柱とする日本の医療システムは、ＷＨＯ（世界保健機関）が発表した「二〇〇〇年世界保健報告」で世界第一位と評価されているということだが、その保険制度も、年々増加する医療費に破綻《はたん》寸前の状況にある。

これに対しては、問題の先送りとか、日本医師会の圧力に屈したとか、さまざまな批判がある。素人《しろうと》目には、医療費の増大という現実があり、一方に長引く不況による税収の落ち込みがある以上、誰《だれ》もが納得する改革案などありそうに思えない。

制度改革を必要とする要因として強調されているのは、老人医療費の増加だ。医療費全体の三分の一を占め、年々その比率が増加しているという。

しかし、考えてみれば、生活水準が上がり、医学が進歩して寿命が延びれば高齢者が増えるのは当然であり、また、若い人たちより高齢者が医者の世話になることが多いのも当然だから、老人医療費が増えるのは、いわば文明の進歩の結果なのである。

私はむしろ、たまたま耳にしたラジオ番組の、全医療費の七五パーセントが全患者の一五パーセントの高額医療に費やされているという話に驚いた。また、一パーセントの患者のために全医療費の二六パーセントを使っているという報告もある（池上直己『ベーシック／医療問題』）。

このように、医療が進歩すればするほど、医療費の総額が増加するという構図が浮かび上がってくる。次から次へと新技術が開発され、その少なからずが高額な医療費を要する。「死にたくない」という、人の最も切実な願望と医学の進歩が結びつく時、この連鎖は際限ないものとなる。しかも、いかに寿命が延びようとも、死を免れることはできない以上、この問題が根本的に解決されることはない。

そして、こうしたことは医療の分野に限ったことではない。

話は飛躍するように思われるかもしれないが、究極の解決法は「病気にならないこと」である。さらに言えば、「病まず、死なず、弱らず」に百十五歳の定命《じょうみょう》を全うできる世の状《さま》に立て替わることである。もちろん、一挙にその域に達することはできないが、それに近づく努力をすることによって、事態改善の方向性を見いだし得るのではないかと思う。

本教では「病の元は心から」と教えられている。これは、必ずしも病んでいる本人の心遣いだけでなく、その家族や社会など集団の心遣い、また、代を重ねての「心の道」としてのいんねんまでを含めて考えれば、すべてに当てはまる真理だと思う。

『厚生労働白書』の序文で、厚労相はいみじくも〝生活習慣病や心の病が国民の健康を脅かす〟と述べているが、これらは心の持ち方から来る病の典型的な例であろう。
「病気になりたい人は無い」というが、深酒や大食、美食をはじめ、夜更かしなどの不摂生、そして人間関係から来る葛藤《かっとう》は、欲望や癖性分に流されて、知らず識《し》らずの間に病気を自らつくりだしている姿であることは誰にでも分かる。

道の信仰者としては、さらに進んで、不断に心のほこりを払い、人だすけを心掛け、また、病をも神の手引きとありがたく受け止め、死を生まれ替わりの契機ととらえて、日々を心楽しく、感謝しつつ生きることである。その積み重ねは、自分自身、そして周囲の人々の運命を変えずにはいない。

この生き方が世界中に行き渡るならば、やがては病気が根絶されるだけでなく、争いごとや戦争も姿を消すはずである。

立教一六五年（二〇〇二年）

衝突でなく理解し合う努力を

（立教165年1月13日号）

一年前、年明けのこの欄に「宗教の世紀の幕開き？」と題して書いた。二十世紀が物質文明の隆盛の一方で、心の問題をなおざりにしたきらいがあるとの反省の機運を踏まえてのものだった。ところがご承知のように、二十一世紀の最初の年はおそらく、何よりもアメリカで起きた同時多発テロによって記憶されるであろう不吉な出発をすることになった。

同時多発テロがイスラム原理主義による犯行と推定され、ブッシュ大統領も「十字軍」と口走ったりしたことから、すわ「文明の衝突」かといった取り上げ方もされた。

ハーバード大学のハンチントン教授が説く「文明の衝突」は、アメリカの優位性を保持し続けるという戦略的視点から、東西冷戦終結後の世界の捉《とら》え方の枠組みを提示するもので、冷戦後は、従来イデオロギーの対決の陰に隠れていた異なる文明間の対立が顕在化してくると予測している。そして、その衝突の契機となるのが、民族、言語、文化などの相違、とりわけ宗教の相違だとする。

しかし、今回の同時多発テロには、文明の衝突という側面もあるだろうが、客観的には宗教の相違というよりも政治的、経済的要因のほうが大きいのではないか。経済のグローバル化が進み、南北格差が拡大する中で、見捨てられた国アフガニスタンを拠点にするイスラム原理主義の過激派集団が、超大国アメリカに噛《か》みついたといった感がするのだが……。

ユダヤ教、キリスト教、イスラム教といったセム系の一神教には、時に異教徒や異端を悪魔の手先と見なしさえする血なまぐさい争いを繰り広げてきた長い歴史があるからだろうが、それにしても、信仰者としては宗教戦争を思わせるような表現を安易に使ってもらいたくないと思う。

本教の場合には、他宗の神仏にも敬意を払うよう教えられている以上、衝突はあり得ない。また、あってはならないということになろう。

また「反対する者も可愛《かわい》我が子」とのお言葉の精神を徹底すれば、仮に天理教団に敵対的な異教徒や圧迫を加える権力者があったとしても、皆わが兄弟姉妹《きょうだい》との思いで接すべきだということになる。反撃することはおろか、敵意や恨みも持つべきでないということになる。

事実、教祖のひながたはその通りだった。

しかし、果てしない親心には遠く及ばぬ者としては、それではあまりに受け身に過ぎるのではないかという疑問も湧《わ》いてくる。だが、それは何もしないでよいということではない。すぐさまその結果が現れるという性質のものではないが、ひたすらをやの思いを伝え、いつの日か一れつ相和す陽気ぐらしの世界へと続く道を説き、働きかけ続けることである。それはむしろ、反撃するよりも勇気と忍耐を要する営みだろう。

陽気ぐらしをすべく創《つく》られた人間お互いは、必ず心を通わせ合えるはずだという確信に立って言葉を交わし、理解し合う努力を重ねたい。

さらに付け加えれば、道の信仰者の心得としては、そのような緊迫した状況に備えるだけでなく、むしろ日常の他宗の信者や考え方の違う人たちとの出会いの中で、をやの思いの実践に努めることが肝要である。

（立教165年2月24日号）

不可避な根本的発想の転換

『天理時報』先週号の「〝ふところ住まい〟のエコロジー」の記事を読みながら、二十一世紀を予測するという特別番組での、ある評論家の言葉を思い浮かべた。それは、経済発展著しい中国の十二億の国民が、仮に日本の現在の生活水準の半分の域に達しただけでも、地球はもたないという内容の発言だった。

また、他の途上国についても、生活水準の向上を抑えることはできない以上、遠からず先進国としても根本的な発想の転換を迫られるとも語っていた。

別の表現では、「二〇五〇年に予測される九十億の人間が、今日のイギリス並みの生活をするとなると、地球が三つ必要になる」（古川潤編著『NHK地球白書』）というのもある。

いずれにせよ、人類が現在の生活スタイルを続けていくとすれば、増え続ける人口の下、資源、食糧、水、環境と、あらゆる面で危機的な状況に立ち至らざるを得ないということだ。

こうしたことは、今日いわゆる先進国では、大抵の人が情報としては知っているといっていいだろう。そして問題は、その危機的な状況をつくり出している先進国の人たち自身が、なかなか考え方、生き方を改めようとしないところにある。

そこには個人の良識を超えたさまざまな要因がある。大量生産、大量消費、大量廃棄はいわば社会の体質にもなっているからだ。そして、その奥には、際限なく肥大する欲望を充足したいという一人ひとりの心がある。

また、途上国の人々の欲求をとどめることができないのは、世界で最も豊かな国とされ、最大の炭酸ガス排出国であるアメリカでさえ、自国産業の競争力維持を理由に地球温暖化防止のための『京都議定書』から離脱したことからも明らかだ。

結局のところ、地球環境を回復不可能なまでに傷つけることのない開発、廃棄に合わせた生産と消費以外にはない。そして、それを全人類に要請するとなると、おそらく先進国の人々は現在より、かなり生活のレベルを落とさざるを得まい。もっとも、地球を傷つけてまで謳歌《おうか》する繁栄を、レベルが高いとは呼べない気もするが……。

いずれにせよ、根本的な発想転換の時代には必然的に消費、すなわち欲望の抑制を伴うことになろう。いかにしてそれを強制することなく、また不満を生じさせることなく実現するか。それにはまず、自分中心の見方、考え方を離れ、全人類的な視点に立つことが求められる。また、あるが上にも求めることをしない慎みと、与えを喜び、感謝する心を要する。

考えてみれば、火水風の恵みのもとに、生かされてある大きなご守護に比べれば、文明の恩恵など微々たるものであることを知るべきである。

このように、やがて不可避的に直面する人類の生き残りをかけた発想転換の時代には、生産や消費の形態はもとより、社会の通念も今日とはよほど違ったものになると思われるが、本教の教えは、そうした時代にも耐え得る、否、むしろその時こそ、世界を救うために無くてはならない究極の教えとしての真価を発揮するはずである。

いずれ必ず来る転換の時代が、混乱や争闘、絶望ではなく、慎みとたすけ合いの精神に充《み》ちた世の中になるように、教えを護持し、伝え、広める努力を払うとともに、自分自身の身の周りから実践し、その輪を広げてゆかねばと思う。

（立教165年4月7日号）

「今さえ良くば」は通らない

最近、トレーサビリティ（追跡可能性）という言葉を見聞きする。例えば、先日は「牛肉の素性を追跡」という見出しで、フランスにおける牛の個体管理制度が紹介されていた（三月二十三日付『朝日新聞』）。

いわゆる狂牛病騒動をきっかけに、フランスでは、すべての牛について、生まれてからの管理や売買、そして、食肉処理され店頭に並ぶまでのデータを記録し、報告することが義務づけられるようになったという。

農家にとっても、流通業者にとっても少なからぬ負担増のようだが、そのかいあって牛肉の消費は回復してきたとか。

それほど厳格なものではないが、こうした取り組みは、日本でもいわゆる「産直」活動に見られるし、近ごろは店頭でも生産者の住所、氏名を記した果物や農産物を見かけることが増えたように感じる。

◇

追跡可能なシステムの構築がいわれるようになった背景には、経済活動の広域化、グローバル化の中で、生産者と消費者の間の距離が広がり、対象も不特定になったことがある。お互いの顔が見えなくなり、生産者はいったん売れば、それから先のことは考えず、消費者も安くて良いものであれば、どこのものでもいいと考えがちになるということだろう。

しかし、この安くて良いものという規準は甚《はなは》だ曖昧《あいまい》なもので、価格を下げるために手抜きをしたり、表示を偽ったりするケースもある。また、良いものといっても外見から判断するしかない場合が多いから、農薬を過剰に散布したり、発色剤を用いたりすることもあると聞く。

その一方で、農家では出荷用の野菜は食べずに、別に自家用に作ったものを食べるといった話がまことしやかに語られる。事実とは思いたくないが、市場《しじょう》にのみ込まれてお互いの顔が見えなくなっていることから来るブラック・ジョークだ。

食品の安全を確保し、信頼を回復するために追跡可能なシステムを作ることは、生産者と消費者をつなぐ道筋をはっきりさせることである。それは生産や流通にかかわる人たちの責任を明らかにするだけでなく、消費者との絆《きずな》を取り戻す契機にもなるに違いない。

◇

トレーサビリティという概念は、なかなかに含蓄に富み、食品の安全性ばかりでなく、実に広い範囲の事象について示唆するところがあるように思う。

この言葉自体は過去へさかのぼる見方であり、現状に至るさまざまな要因、経緯を尋ねるものだが、同時に、現在の瞬間瞬間の積み重ねが、将来を決定づけるものであることを含意している。そして、その時々の私たちの振る舞いは、各自の目的、価値観によって方向づけられる。それは個人的なものとも言えるが、理に背くものであってはならない。

先述したところからも明らかなように、「今さえ良くば……」というような行動基準は、結局社会に受け入れられず、自滅の道をたどるしかない。また、「人を喜ばせる」ことは何も他人のためだけでなく、結局は自分のためにもなるのである。二つ一つのものである。

神人和楽、一れつきょうだいの陽気ぐらしという指針の確かさ、ありがたさをつくづくと思う。

時間をお供えする

（立教165年5月19日号）

提唱七十周年の「全教一斉ひのきしんデー」には、例年を大きく上回る参加者が、各地各所でひのきしんを繰り広げた。

それに先立つ本紙四月十四日号の「読者のひろば」欄に、「ひのきしんの講義の思い出」と題する投稿が掲載された。

三十年余り前、さる大学の講義の中で、教授（未信の）が突然「ひのきしん」に言及し、その素晴らしさを語った、というもので、その中に「ひのきしんとは日を寄進することである」との教授の言葉が引用されていた。引用はさらに、「その人固有の時間を、世のため人のためにささげて神様に寄進するのが、天理教のひのきしんである」と続く。その心温まる内容を、ご記憶の方も多いだろう。

筆者がおやっと感じたのは、「ひのきしん」の語義をより有力な解釈である「日々の寄進」とせずに、「日を寄進する」としている点である。しかし、この古くからあるが決して一般的とは言えない、いわば「時間のお供え」という解釈はなかなかに含蓄に富む。

寄進とは「社寺などに金銭・物品を寄付すること」（広辞苑）というのが元来の意味である。日や時間といった形のないものを、そのままお供えすることはできない。従って「時間のお供え」とは、「働きのお供え」ということになる。

考えてみれば、時間は貧富、老若の別なく、等しく恵まれているものだ。金銭や物品と違って、持たざる者にも心一つでできる。一方、富める者だからといって余計にできるものでもない。

もちろん長ければいいというものでもない。そこに込められた真実の度合いが大切なことは言うまでもない。

◇

少し飛躍するようだが、この「時間のお供え」から思い浮かんだのは、時間の使い方、特に最近話題の、公立の小、中学校の週休二日制実施に関してである。「ゆとりある教育」への改革の一環とされているものだ。

ところで、「ゆとり」とは一体何だろう。

分かっているようで言い表しにくいこの言葉のイメージを探るには、逆に「ゆとりがない」とはどういう状態かを考えてみるとよい。すると、時間に追われ、経済的にもキチキチで、他人のことや先のことを考えていられない姿が浮かんでくる。

それだけに、せっかく増えた休日を塾通いに費やすようでは、ゆとりには程遠い。かと言って、遊んだり、ゴロゴロしているだけではもったいない。

目先のことだけでなく、長い目でものを見ることを覚え、自分のことだけでなく、周囲を見渡し、広い視野で物事を考える力を養えるような過ごし方をしたいものだ。

そんなことをしていては受験戦争に遅れを取る、という声もあろう。社会の現状からすれば、それも一理ある。しかし、これは一人ひとりの生き方の問題でもある。

先長い人生から見れば、時には「時間を世のため、人のためにささげる」ゆとりを持つことの意義は、小さくないと思う。

それにつけても、子どものころからひのきしんすることを教えられている道の子のありがたさを思う。

（立教165年6月16日号）

水は文字を解するか

近ごろ、教内でも水の結晶写真集に関する話題を見聞きする。水に音楽を聴かせたり、文字を見せることで、水の結晶の様子が変わるというのだ。

最近の例では、「感謝を表す文字を見せればキレイな水に、汚い意味の文字なら汚い水に変わるとか」（『陽気』六月号）といった具合である。そして、人体の七割が水であるからには、きれいな言葉を掛けることが大切だと話が展開し、「みづとかみとはおなじこと　こゝろのよごれをあらひきる」のお歌が引かれさえする。

しかし、それでは、お道の信仰者としては本末転倒ではないかと思う。きれいな言葉を掛けるべき対象は人間の心であって、体内の水ではない。

よい言葉は人の心を明るくし、和ませ、勇ませるからよいのである。もちろん、その言葉を発する者の心をも高める。

悪い言葉は人の心を傷つけ、怒らせ、不快にするから悪いのである。

気懸かりなものを感じたので、資料を集め検討してみた。

まず気になったのは、結晶写真の選び方である。対象となる一つの水から五十のサンプルを作るというが、雪と同様に氷の場合も、その結晶の形は千差万別だ。どのサンプルの、どの部分の、どういう瞬間の写真を選ぶのか。

これについては著者自身が「私の感性を基準にして行っています。どの結晶を選ぶかという権利は私にしかありません。これがとても重要なこと」。また、文字を見せるのは、「その形態が持つバイブレーションを感じさせるんです。それで、私の予想通りの結果が得られたら、躊躇《ちゅうちょ》することなくそれを選択する」と語っている。

つまり、どの結晶写真を採用するかは全く著者の主観によっているのである。呆気《あっけ》にとられるのは、人名を示した場合、その人物にふさわしい結晶ができるとしていることだ。例えば、水の容器に「アドルフ・ヒトラー」と書いた紙を貼《は》ると、「ムカック・殺す」と書いた場合に似た醜《みにく》い形になるとコメントしている。つまりは、水は文字を解し（それもあらゆる言語を）、その内容に相応した結晶を作り出す力を持っているというのである。

ヒトのみならず、生きとし生けるものに不可欠な水の重要性を思うと、水を擬人化し、水に直接お礼を言いたくなる心情はよく分かる。

しかし、それが行き過ぎ、水に神秘的な力があるとし、価値判断にまで関連づけるようなら、一種の物神化であり、看過できない問題だ。

言うまでもなく、水は親神様の守護の最も基本的なものの一つである。その恵みに感謝することは当然だが、それはあくまで水の守護を下さる親神様に対してささげられるべきものだ。

また、水そのものが文字や音楽に直接応答することはない。人間の心遣い、行為を親神様が受け取って、それに応じた水の姿を見せられるのである。

例を挙げれば、汚染された水が名曲を聴かせることによって浄化されるということはない。水の汚染にかかわる者たちが、水の恵みのありがたさに目覚めるとともに、自分たちの欲望を充足する一方で、その残り滓《かす》ともいうべき汚染物質をバラまいてきたことを反省し、その償いを決意、実行する中で浄化されていくのである。

「みづとかみとは……」のお歌の意味は、「水が物の汚れを洗い流すように、神は人の心の汚れを洗い切る」ということであって、決して「水が神だ」ということではない。

一見、科学的に装ったもっともらしい話に飛びついて、かえって教えを貶《おとし》めることのないように心したい。

それにつけても、教えの基本をしっかり身につけることの大切さを思う。

（立教165年8月11日号）

心の贅肉を落とす

中国産ダイエット食品による健康被害の報告は、死者四人を含む六百人近くに及んでいる（八月一日現在）。

夏だからだろうか、新聞のチラシにも毎日のようにさまざまな瘦身法《そうしんほう》の広告が目に付く。ちょっと気掛かりなのは、楽に、短期間で瘦《や》せられることをうたい文句にしているものが多いことだ。

そもそも肥満とは、人類が飢餓との長い闘いの歴史の中で獲得したエネルギー備蓄の機構に由来している。獲物にありついた時に腹いっぱい食べ、それを脂肪組織として蓄え、十分食べられない時に分解してエネルギー化する精巧な仕組みによって生命を維持してきた。

約一万年前に農耕が始まり、食糧の安定した供給が可能になっても（もっとも、今日でも世界には十分な食事をとれない十二億もの人々がいることを忘れてはならない）、身体《からだ》のメカニズムはそう簡単に変わらない。

過剰に食べ続け、それを消費することが少なければ、肥満に至るのは必然である。すなわち、肥満の原因が食べ過ぎと運動不足にあることはハッキリしている。

ダイエットに取り組もうかという人なら、大抵そんなことは承知しているだろう。しかし、食事のコントロールや運動による減量には時間がかかる。我慢も必要だ。

そこで、生活習慣を変えないでも、手っ取り早く瘦せられるダイエット薬品を使うということになる。薬ばかりでなく、装着するだけで筋肉を刺激して収縮運動させるというベルトもある。

おいしい食べ物が豊富にあり、乗り物が発達し、あまり肉体労働をすることもないという環境の中で、食欲を抑え、努めて身体を動かすのは、相当な克己心、忍耐を要することなのだろう。しかし、過食と運動不足に対する身体の正常な反応ともいうべき脂肪蓄積を薬品で抑えること自体、身体に無理を強いていることではないか。まさに今回の薬害騒動は、その懸念が現実化したもののように思える。

また、そんな小手先の手法で痩せたところで、一体何が変わるのか、とも思ってしまう。むしろ、そうした考え方や生活スタイルの方に問題があるように感じるのだが……。

この話題を取り上げたのは、実は、痩せ薬そのものへの関心というより、われわれ自身にも似たようなところがあると感じさせられたからである。飲み食いばかりでなく、物、人間関係、嗜《し》好《こう》、趣味からちょっとした習慣に至るまで、度を越して、あるいは、要らざることをして、心に、生活に贅肉《ぜいにく》を付けてしまっていないかということだ。

贅肉は余計なものというだけでなく、動きを妨げ、体力を減退させる。心の贅肉は感受性を鈍らせ、思案を曇らせ、労を厭《いと》わせる。さあというときに腰が上がらない、足が出ないということになってくる。

年祭活動に取り組むにふさわしい、心の下地づくり、心のふしんの基礎工事とお聞かせいただいて半年余り。基礎工事は、ガレキや軟弱な土壌を取り除く掘り方に始まる。

あらためて自らの心遣い、つとめ方を振り返り、贅肉を落として、サッと旬のご用に立ち上がれるようにしたいものだ。

そのためには何からでも、何がしかでも、執着を離れ、しがらみを断ち、身軽になるとともに、骨惜しみせず動くことを心掛けねばと思う。


（立教165年9月22日号）

おたすけの接点をつくる

教会での家族問題の勉強会の席で、大阪のある区役所では、毎月およそ百件の婚姻届と四十件の離婚届を受理すると聞いて驚いた。大ざっぱに言って、都市部では離婚するカップルの割合が四割にもなるということだ。

ちなみに、平成十三年の日本全体での婚姻件数は八十万件、離婚件数は二十八万六千件（厚労省人口動態総覧）とあるから、単純計算すれば三五パーセント強、三組に一組の割合になる。

離婚件数が増えていることは知っていたが、欧米に比べれば低いと聞いていたので、これほどまでとは思わなかった。

女性の社会進出や経済的自立、さらには村社会や大家族の中での気遣いや調停役がなくなったことなど、さまざまな理由が挙げられている。

しかし、それはあくまで周辺の事情であろう。根本は、夫婦のあり方が問われているということだ。

それにしても、少なくとも結婚する時には、お互いに「生涯を共にしよう」と誓い合ったはずなのにと思う。

離婚の手続きをするまでには、言うに言えない確執、葛藤《かっとう》があっただろうし、その揚げ句に、これ以上一緒に暮らすことはできないと判断したに相違ない。それはそれでやむを得ない結論なのだろう。

しかし、結婚は夫婦二人だけの問題ではない。披露宴に象徴されるように、社会的な行為である。また、子どもが生まれれば、親としての責任も生じる。

従って、離婚もまた、二人だけの問題というわけにはいかない。とりわけ子どもに対して、両親の不和、それに続く離婚は心に深い傷を負わせずには済まない。

また、一方には、同じように苦しみながら、子どものことを思い、体面を考えたりして、離婚に踏み切れない人たちも少なくないと想像される。そして、その子どもたちもつらい日々を送っているに違いない。

このように考えると、今日では過半の家庭が夫婦の不和、離婚をめぐる深刻な悩みを経験していると言えるのではないか。

そのほかにも、病苦をはじめ、失業、サラ金といった経済的問題、また、子どもの不登校、引きこもり、非行などと、さまざまな困難を抱えている人が大勢ある。

表面上は何不自由なく暮らしているように見えていても、心の内には、他人に言えない、また相談する人もない中で、悩みを抱え苦しんでいる人が、それこそ私たちの周りにも居るということだ。

そうした人たちに対する「おたすけのための接点づくり」が、にをいがけである。

「ちよとはなし」で、天地抱き合わせの理を象《かたど》る夫婦の一手一つこそが家の治まり、世の治まり、陽気ぐらしへの道の基であると、お歌いくださるのをはじめ、本教では夫婦のあり方について、実に懇《ねんご》ろにお教えいただいている。

考えてみれば、子どもの問題は夫婦が力を合わせることなくして改善されるものではない。また、逆に言えば、家族をめぐる問題の背後に夫婦の心がバラバラになっていることが多いと言ってよい。

人知れず悶々《もんもん》としている人にとって、郵便受けに入っていた一枚のチラシが一筋の光明になることもある。お道の教えの一端にふれることで物事の見方、受け止め方が変わってくることだってないとは言えない。現に、先の「ちよとはなし」の話を聴いたことから入信し、修養科へ入った人がいる。

この世の根本の理を知らないが故に、迷い苦しみ、あるいは、心の闇《やみ》から脱《ぬ》け出せずにいるあまたの人々に、真実の親の声を届けようではないか。

（立教165年11月3日号）

現代の難問に答える

『ダカーポ』という雑誌の十月号で、宗教団体へのアンケート特集をしている。その副題には「不妊治療・遺伝子操作・臓器移植・自爆テロ・死刑制度……。現代の難問にどうこたえるか？　いろんな宗教団体に見解を聞きました」とある。アンケート自体は五十教団に出され、回答率は二割。見解の表明に慎重な教団や、そうした難しいテーマについてあまり考えていない教団が多いようだとも。

本教は、社会問題の信仰的な受け止め方や対処の基本姿勢を議論している天理やまと文化会議の討議を元に答えているが、つくづくお道の教えはどんな問題にも対応できると感じる。

その特集の全容は、ここでは到底紹介できないが、例えば生殖補助医療との関連で、「家族とは何か」という問いがある。

本教の回答は、〈時代が移っても、家族の子孫を生み育てるという最も基本的な機能は変わらない。本教では「この世の地と天とを象《かたど》りて、夫婦をこしらえ来たるでな」と教えられている。夫婦の間に子が生み育てられるという基本は不変である。しかし、「人間はみな兄弟姉妹」との教えから、いわゆる血縁関係のない人々との共同生活も拡大家族として尊重する。家族となる者同士は、お互いに助けあって「陽気ぐらし」の家庭を築くようにとの神の計らいから組み合わされた同士であることを承知すべきである〉だ。

この本教の回答の後に、編集者による次のようなコメントが続く。「幼児虐待をはじめ、家庭内での事件が連日のように報道される。（中略）家庭崩壊は静かに、加速度的に進行しているのかもしれない。そんな現代の日本にあって、血縁関係のあるなしにかかわらず、家族の価値、絆《きずな》をこれだけ熱く説く姿勢には新鮮ささえ感じる」と。

また、本教では、先のような夫婦を元とする家族観から、体外受精については夫婦間のみ是認。第三者からの精子（卵子）提供や代理母による出産は容認できないとしている。同様の理由で、クローン人間作りも認めない。

他教団の回答と読み比べてみると、この問題だけを取ってみても、終始教えに基づき見解を提示している点で本教は出色《しゅっしょく》だ。他の問題にも、「かしもの・かりもの」という身体観、「出直し・生まれ替わり」の死生観、「一れつきょうだい」といった観点から答えている。

本教では、こうした問題にとどまらず、身の内や身辺、世界に生起する事柄すべてについて、思案し、対処する確かな手掛かりを、原典に、ひながたにお示しいただいている。

万事の元を教えてたすけるこの普遍的でパワフルな教えを、ようぼくたる者はもっとしっかり学び、身に付け、展開して、自らの生き方に活《い》かし、社会に映してゆかねばならないと思う。

文明が進歩しても、否、むしろそれ故に一層深刻な形で立ち現れる難問の数々に、人類の未来さえ危ぶまれる状況を思う時、世界たすけのためにようぼくの果たすべき使命は、実に大きなものがあると言わねばならない。

自分で手応えを確かめる

（立教165年11月17日号）

先ごろ発表された日本人のノーベル賞ダブル受賞は、いろいろな意味で明るい話題を提供した。小柴昌俊氏（東京大学名誉教授）は、地下千メートルに建設された巨大な観測装置カミオカンデによるニュートリノの検出、また、田中耕一氏（島津製作所フェロー）は、生体高分子の質量測定法の開発を評価されてのことである。

図らずも共に観測、測定という理論の検証、あるいは理論発展の基礎となるデータを提供するといった実験の手法における業績を認められたことになる。

こうした実験による検証は近代科学の基本的性格で、その先駆けとされるのが、ガリレイによるピサの斜塔での落下実験である。

以来、今日に至る科学の進歩には驚異的なものがあるが、常にその実証的性格を支える実験や観測の技術の向上が伴わねばならなかったことは言うまでもない。

両氏はマスコミにも連日のように登場しているが、その一つで耳にした次のような発言がなぜか心に残った。

それは、理科離れが言われる現在の子どもたちへのメッセージとして語られたもので、実験家らしく「教科書を理解するだけでなく、自分でやってみる、自分で考える、自分で確かめること」を提言していた。また、進歩のためには、常識にとらわれない、時には常識に挑戦することが必要だとも。

◇

科学と信仰というと、とかく相容《い》れないもののように考えがちだが、先の提言は、われわれにも無縁なものとは思えなかった。

それというのも、天理教の信仰は証拠信心とも言われるように、神の働きを、また、人間の心遣いをはっきりと現して得心させてくださる教えだからだと思う。「かしもの・かりもの」の教理はその典型だろう。すなわち、我がものである心遣いは、親神様からのかりものである身の内をはじめとして、身辺に心通りに現れるということである。

「おふでさき」には、心遣いの間違いを身上に現して胸の掃除をする、また、真実を受け取ったならば、どんなたすけもすると繰り返し仰せになっている。

こうしたことをあえて言うのも、心と形が二つ一つのものとして教えられるこの道の信仰のありがたさを、もっと強く自らの手応えとして感じ取りたい、確証したいと思うからだ。

立教165年（2002年）

そのためには、教理書を読み、先輩の話を聞いて納得したり、感心したりするだけでは足りない。まず自分で実行、実践しなければならない。試行錯誤や紆余《うよ》曲折の中で思案を深め、確信を深めねばならない。

それは必ずしも、奇跡的なおたすけに神を見るといったことでなく、むしろ身近な日常的な営みの中にも、ありありと親神様のご守護を感じ、教祖のお導きを感じられるようでありたいということだ。

三百年に一度といわれる超新星爆発の発したニュートリノをキャッチする周到な準備と忍耐、また、失敗を楽しみ、失敗の中に本物を見いだす感性の物語に、信仰の感度を高める不断の精進の大切さを思わされた。

立教一六六年

（二〇〇三年）

「人をたすけて我が身たすかる」

（立教166年1月12日号）

昨秋、天理大学で開催された「キリスト教との対話」が、教外でも話題になっていると聞いた。さる教団が羨望《せんぼう》することしきりだったと伝えてくれた人もいる。長い歴史を有し、今なお世界的な影響力を持っているカトリックの本山からわざわざ天理に出向いて来るということ自体、驚きの目で見られているようだ。

その背景には、まず二代真柱様の時代からのバチカンとの長い交流の歴史がある。二代真柱様はカトリックの海外伝道の歴史に関心を寄せられ、天理図書館にキリスト教の伝道関係の資料を収集された。その質の高さはカトリックの関係者も高く評価するところである。

また、真柱様をはじめ、人的な交流の中で、一層本教に対する理解を深め、「天理教は精神的に豊かな、しかも誠実な意向を持つ人々のグループであり、（中略）健全な教義を内容とする、すぐれた宗教です」（ある枢機卿による報告資料の一部）と認識しているからこそ、対話の相手に選んだのである。

これは前回にも感じたことだが、対話を通して学び取ろうというカトリック側の積極的な姿勢が印象的だった。

天理側はまだ対話することに慣れていない憾《うら》みはあるが、これからも継続的、多角的に対話する努力を払ってもらいたいと思う。

対話は、それによって相手から学ぶことができるだけでなく、自らを再認識する契機にもなる。

◇

筆者自身、いわばミニ版「対話」によって再認識させられた経験がある。もう数年前になるが、海外部時代、天理に来訪したスペインのカトリック系大学の神学部の教授と懇談したことがある。スペイン語訳の教典などを読んでもらい、印象に残った点を尋ねたところ、

1、神がをやであること

2、「人をたすけて我が身たすかる」という教説

3、元の理の話

を挙げられた。

それぞれについて、さすがと思わされる着眼と感想を聞かされた。キリスト教の神観、救済観、創世記などを念頭においての話だが、お道の教えの奥行きの深さを再認識する思いを持った。その一つ、「人をたすけて我が身たすかる」は、『諭達第二号』でも、

人を救《たす》ける心は真の誠一つの理で、救ける理が救かる（おかきさげ）

とお示しくださるところである。

そこにはまず、自らのたすかりが他者のたすかりと不可分であることが含意されている。人だすけの実践を促すメッセージが込められている。さらに、これを敷衍《ふえん》すれば、世界のたすかりは、人間が皆お互いにたすけ合う姿の中に実現されるということにもなる。実に、世界たすけを標榜《ひょうぼう》する教えにふさわしい救済観である。

しかし、我さえ良くばという向きには理解しにくい内容かもしれない。現に、にをいがけ先で、自分のことで精いっぱいなのに他人のことまで構っていられない、と揶揄《やゆ》する他宗の信者もあった。取り付く島のない気分にもなるが、一方では上述のような人も居るのである。

道友社の取材ビデオに登場したある熱心なようぼくが、入信のきっかけを次のように語っていた。「最初の言葉が、人をたすけて我が身たすかるだったんです。その言葉に衝撃を受けて、すぐに私は本物の神様だと思ったんです」と。

今まで自分のことをお願いする宗教の話ばかり聞いてきたから驚いたという。

この人は信仰の元一日を忘れず、今も多くの人をおぢばへ、信仰へと導いている。

お道の教えの素晴らしさを、もっとストレートにぶつけていくことの大切さをつくづく感じる。

なぜ急ぐイラク攻撃

（立教166年2月23日号）

緊迫するイラク情勢が世界中の耳目《じもく》を集めている。国連の査察委員会による追加報告の翌日二月十五日には、世界各地で戦争に反対する大規模なデモや集会があった。

日本国内での反戦の動きは目立たないが、それでもＮＨＫの世論調査では武力行使賛成は一三パーセント、査察継続派六八パーセントと、平和的解決を求める人が多い。

先日、多くの人が殺されようとしているのに何もできないのがもどかしいと言うようぼく女性と話す機会があった。

世界の各地で戦争反対を叫んだ人の大部分は、おそらく彼女のように、大勢の人が傷つき死ぬような事態は避けてほしいと素朴に願ってのことではないか。そして、アメリカがその強大な武力を発動するに十分な正当性があると思えないということだろう。

新聞、雑誌やテレビで見ると、専門家や評論家が実にさまざまな見解を述べている。日本は同盟国としてアメリカを支持する以外にないとか、情緒的な武力行使反対はフセインを利するだけだといった声が聞かれる一方、武力行使に反対する側からは、イラクとアルカイダの関係の不明《ふめい》瞭《りょう》さや、ブッシュ政権の真の狙いは石油の権益だと指摘する論も出ている。

立ち入ったことはよく分からないが、ハッキリしているのは、戦争になれば大勢の人が死ぬということだ。また、アメリカが性急に攻撃に踏み切るようなことになれば、イスラム圏をはじめとして世界中に反米、嫌米の気運が高まることになりはしないか。

唯一の超大国にふさわしい度量を示してもらいたいと思う。アメリカの名誉のためにも、武力行使を急ぐ必要はないと感じられるがどうだろう。

先のようぼくの悩みに戻ると、信仰者としては、一体どのように受け止めればいいのだろうか。その一つのヒントになると感じたのは、ローマ法王の特使としてフセイン大統領に会い、戦争回避のための努力を促したという枢機卿の「私たちには私たちの話し方があるのです」という言葉である。

宗教者は、政治の次元に巻き込まれることのない、信仰に基づく態度を貫いてこそ寄与できるということだ。

道の信仰者としての思案の手掛かりを、教祖ご在世中の事歴に尋ねてみた。当時、国内での戦争と言えば、一つは明治維新の際の戊辰《ぼしん》戦争であり、いま一つは西南戦争ということになろうか。

前者については、鳥羽伏見の戦いの前年、騒然たる中で、「人間の身体《からだ》に譬《たと》えて言えば、あげ下しと同じようなもの、あげ下しも念入ったら肉が下るように成る程に。神が心配」(『稿本天理教教祖伝』)と仰せられた、とある。

また、後者への直接の言及ではないが、その年に記された「おふでさき」十三号の中で、高山の戦いを治める根本の手立てはつとめであること。また、それに先立ち、世界中の人間は皆兄弟であって、人間に高低《たかひく》はないということがしっかり治まったならば、謀反《むほん》は根絶されると仰せになっている(43~51)。

そこから伝わってくるのは、子供同士の戦いに心を痛めながらも、戦争は人間たちが神意に沿わぬ心遣いを積み重ねてきた結果、なってきたことであるとして、もっぱらその根本を改める道を教示され、どちらの肩を持つことも一切ないをやのお心である。

私たちとしては、それぞれが置かれた状況による相違はあっても、そうしたをやの思いを念頭に思案、行動するということになろうか。

根本的には、道は遥《はる》かなようでも、今回だけではなく、将来にわたって戦いの無い世界を実現することを目指して、倦《う》まず弛《たゆ》まず教えに基づく考え方、生き方を伝え、広め、自ら実践するよりない。

それは私益や国益の観点からは決して達成できない。たすけ合いの世界観が行き渡ることによってのみ実現されるものである。

世相映すホームレスの増加

（立教166年4月6日号）

先日、公園や河川敷で生活しているホームレスの人の数が全国で二万五千人余りに上るという政府の調査結果が発表された（三月二十六日各紙）。バブル崩壊後の出口の見えない不況の中で、その数は増え続けている。

路上生活をする動機では、仕事の減少、倒産、リストラが上位を占めることからも分かるように、基本的には深刻な経済状態を反映した社会現象である。しかし、一般市民のホームレスに対する見方は、怠け者、好きでやっている、社会のはみ出し者といった否定的なイメージが根強い。中には、社会生活に適応できない人や保護を要するアルコール依存症、精神的障害などを抱えた人もあろうが、七割の人が解雇、倒産、病気など本人が望まない理由で職を失っている。また、八割の人が就労の意思を持っているが、求人の絶対数の減少と年齢制限などのため仕事に就けないという。

知人のある教会長は長年にわたってホームレスの人に手を差し伸べ、修養科へも導き、社会復帰の手助けをしているが、その話でも近年の傾向として、ごく普通の人がホームレスになっているケースが増えているという。それを裏付けるかのように、先の調査でも、四割の人が直前まで正社員だったと述べている。

筆者も知人に触発されていくつかのルポに目を通したが、そうした社会的要因と共に強く感じさせられたのは、ほとんどの人がホームレスになる以前から家族の絆《きずな》が弱い、もしくは失っているということだ。

何もない時には表に現れない人間関係の希薄さが、不況や病気による失業をキッカケに表面化して、行き場を失うことになってしまうと言えようか。

東京での聞き取り調査には、そうした特徴がはっきりと見て取れる。すなわち、●五十～六十四歳の単身男性が中心。●大半は未婚または離婚経験者で家族との連絡を絶やしている。●若年時に上京し、長年東京で働いてきた人たちが大半である。

そこからは、高度経済成長期に都市に仕事を求め、地縁、血縁のしがらみ（実はセーフティネットでもあった）から解放され、核家族からなるマイホームを持ったものの、やがて家庭が崩壊し、いざという時に支えてくれる絆を持たない孤独な都会人の姿が浮かび上がってくる。

終身雇用を前提とした企業に擬似的共同体を見いだしていた会社人間が、グローバル化の流れの中でその原則が崩れ、放り出されたという構図だ。

考えてみれば、三百万人以上の完全失業者があるのにホームレスの人は三万人弱だということは、九九パーセントの人は誰《だれ》かに支えられて転落を免《まぬか》れているということである。しかし、それは同時に、家庭の崩壊がいわれる今日では、誰もが何かあると、ホームレスになりかねないということでもあろう。

『諭達第二号』にも、「心の絆が失われゆく今日……」という一節があるが、絆は困った時に助けてもらうためのものではない。日ごろからの心の通い合いであり、相手のことを思う心遣いがあってこそのものである。夫婦の絆が第一であることは言うまでもないが、それは何も家族、親族に限らない。思いやる心のあるところに、絆は生まれ、育っていく。そして、それは人をたすける心に続くものでもある。

家族をはじめ身近な人たちとの絆を大切にすることはもとより、周辺へも心配りの輪を広げていきたいと思う。

よろづ互いにたすけする世の姿に近づくためにも。

新感染症の背後にあるもの

（立教166年5月18日号）

中国、香港を中心に世界各地で感染者が報告されている新型肺炎「ＳＡＲＳ（重症急性呼吸器症候群）」は、当初の楽観的な見通しを覆《くつがえ》し、五月十一日現在、患者約七千三百人、死亡率も一四、五パーセントと、深刻な状況が明らかになってきた。中国政府が十分な情報を提供しなかったことが、感染の拡大をもたらしたという批判もある。

それにしても、エイズをはじめ、近くはエボラ出血熱など未知のウイルスによる感染症が次々と現れ、一種のパニック状態を引き起こすのはなぜだろうか。

その理由を、ウイルス感染症に詳しい山内一也・東京大学名誉教授は、「開発が進んで、森林など野生動物のすみかにヒトが入るようになったため、ウイルスの移動が起きるようになった」（四月十日付『朝日新聞』）と語っている。

つまり、新しく出現したウイルスも、急に生まれてきたわけではなく、昔から野生動物の体内にあったものが、ヒトとの出会い、ヒトの移動によって広がったということである。

今回のＳＡＲＳ禍も、新しいウイルスが人間に攻撃をしかけてきたというのではなく、人間の活動、行動が引き出したものと言えそうだ。

経済発展著しい中国の中でも「世界の工場」といわれる広州、また、それに隣接し、世界との窓口でもある香港を中心に感染が広がったことは実に象徴的である。これに加えて、国内事情や対外的信用への懸念から、情報公開をしぶる国の体質が浮かび上がった格好だ。

◇

ＳＡＲＳ関連の資料に目を通しながら、あらためて強く感じたのはエイズ問題の重大さだ。それというのも、ＮＨＫスペシャル「エイズ　感染爆発をどう防ぐのか」（四月二十六日放映）の記憶が強烈だったからだ。

エイズウイルスの発生源はアフリカのチンパンジーだと推測されているが、開発やグローバル化の中で、今や世界中に広まってしまった。この病気の恐ろしさは免疫不全を引き起こすという特異な性格にある。

日本は先進国の中で唯一、新たな感染者が増えている国だという。それも若者の間で非常な勢いで増えつつあり、一万八千人の感染者がいると推定される。その主たる原因は、若者の活発な性行動にあるという。有り体《あてい》に言えば、性の乱れということだ。これは無知、無思慮、また偏見が加速しているということだろう。

実は筆者も先のテレビ番組を見るまでは、エイズも日本国内では沈静化しているのではと錯覚していた。実際、書店でも若者の性行動を刺激する雑誌類はあふれているのに、エイズに関する情報はほとんど見当たらない。重大なことでも、売れないものは出さないということか。

◇

身上の患いは心遣いの現れ、銘々に対するお知らせと教えられるが、こうした感染症の流行については、個人に対するばかりでなく、というよりむしろ、世の中のありように対する警鐘と受け止めるべきだろう。それは、

せかいにハこれらとゆうているけれど　月日さんねんしらす事なり

（おふでさき　十四号22）

のおうたにも窺《うかが》える。

事態を憂慮するだけでなく、その背後にある世の有り様《あよう》にも目を向け、それぞれにわが事として謙虚に反省せねばならないと思う。

飲酒運転は犯罪

（立教166年6月29日号）

警察庁のまとめによると、昨年度の交通事故による死者は八千三百二十六人で、現在の形で統計を取り始めた一九六六年以降の最低を記録した。

この画期的な数字は、昨年六月から実施された飲酒運転の罰則強化によるものらしい。ここまではっきりと数字に現れると、いかに酒好きの人でも飲酒運転は犯罪行為だと認めざるを得まい。必ずしも直接人を殺したり、傷つけたりするわけではないが、その確率を高める行為だからである。

その点では、事故、事件を起こしてから逮捕し、罰するという通常の犯罪とはいささか趣を異にする。飲酒運転が直ちに事故に結びつくわけではないが、全体として見ると、飲酒運転と交通事故の確率的因果関係は明白だということだ。

これは事象を巨視的、社会的にとらえる立場から出たものである。

一般に、殺傷事件といえば、犯行の動機、犯人と被害者の関係、犯行の実際が問題とされるが、交通事故の場合、加害者と被害者は、面識さえないのが普通だ。特に、飲酒運転のような場合、被害者は法規を守っていても巻き添えにされる、まさに不運としか言いようのないケースが大半だろう。不特定の被害者と不特定の加害者となれば、加害者グループの共通項、飲酒運転の撲滅を目指すよりない。その意味では、いまだ事故を起こしてもいない飲酒運転者が多額の罰金を科せられるのは、一種の連帯責任とも考えられる。

こうした話をしたのは、確率的、巨視的な見方が、むしろ問題の所在をはっきりさせる場合があることを指摘したいがためである。

分かりやすい例として、特賞一億円が一人に当たる宝くじを考えてみよう。くじが百万枚発行されたとすると、当たった人にとっては百万分の一の確率だから、まさに奇跡としか言いようがない。しかし、主催者から、すなわち巨視的、全体的に見れば、必ず誰《だれ》かに当たるのであって、何の不思議もない。

確率的な見方に対するのは決定論的な見方ということになろうが、これを、「なぜその人に当たったのか」などと言いだすと訳の分からない話になりがちだ。宝くじなら、「日ごろの行いがよかった」ぐらいの笑い話で済むだろうが、飲酒運転の車に轢《ひ》き殺されたというような場合には、そんなことでは済まない。

巨視的、確率的な観点の話をしたが、同様のことは個人についても言える。

その場合は、時間の幅で見ることになる。先の例に即して言えば、同じ人が飲酒運転を繰り返していると、それだけ事故を起こす確率が高くなる。いつまでも続けていると、やがてはほとんど必ず事故を起こすと言ってよい。

こうした見方は、教理の理解の仕方にも一つのヒントを提供する。例えば、心得違いと身上障りのかかわりについて、確かに因果関係をはっきりと指摘できる事例もあるだろうが、ほこりに譬《たと》えられるような小さな心遣いの間違いと実際の身上との関連は明瞭《めいりょう》でない。もちろん、それは因果関係が無いということではない。いくつもの要因が重なってのことであろう、微視的なプロセスを把握することは不可能に近いということだ。

そうした場合には、ほこりの心遣いと何か特定の身上の関係を詮索《せんさく》するよりも、むしろ、たとえ小さなほこりであっても、何らかのお知らせを頂く確率を、その程度に応じて高めていると解してはどうかということである。

そう考えると、個々の心得違いに対する返しがあるように見えない場合でも、それが見逃されたということではなく、反省せずに同様のことを繰り返していると、そのうち必ず相応のお手入れを頂くと承知すべきだということにもなる。

いずれにせよ、身上に見せられるということは、「しんぢつに人をたすける心なら　神のくときハなにもないぞや」（おふでさき　三号32）と仰せられるように、将来に向けての胸の掃除と人をたすける心の涵養《かんよう》を求められていることは確かである。

十五歳までは親のさんげ

（立教166年8月10日号）

長崎で起きた十二歳の少年による男児殺害はセンセーショナルな事件だった。その年齢故に刑事責任を問われないことから、某大臣が「親を市中引き回しの上、打ち首に」という過激な発言をして物議を醸《かも》したりした。

また、少年事件でもあり、事実関係や背景の詳細が明らかでない中で、両親の離婚と復縁、母親の過保護・過干渉、周囲の無関心といったさまざまな背景が指摘されている。

しかし、それらが決定的要因かと言うと、三五パーセントに達する離婚率、少子化、父親不在・母子密着が言われる現在の日本では、珍しくないことばかりだ。それだけに、親に厳しい論調に対して、同年代の子どもを持つ母親からは当惑の声が上がっている。その感情は、「特別な子の、特別な犯罪だったと納得できないと、不安でしようがない」（『週刊朝日』八月一日号）という声に代表される。

ともあれ、資料を読めば読むほど、事件は決して特異なものではないとの思いが強くなるというのが筆者の実感だ。

青少年の臨床例に詳しい精神科医によると、性的な欲望の芽生えが、同世代とうまく付き合えない子どもの場合、対象を年下の子どもに求めることが珍しくないという。

日本でも近年、中学生以下の少年が男児に性的虐待を加える例が増えているという。

少年の家庭が安らげる場でなかったらしいことは、放課後、毎日のようにゲームセンターに寄り道していたことに窺《うかが》える。象徴的なのは、事件当日、「学校から帰ると両親が喧嘩《けんか》を始めた。家を飛び出し、ゲーム機販売コーナーで遊んでいて被害児に声を掛けた」ことだ（『読売新聞』七月十八日付朝刊）。

警察は少年の行動について、少なくとも誘拐までは計画性があったと判断する一方、殺害については、予想以上の抵抗にパニック状態になり、発作的に投げ落とした可能性が高い、と見ているようだ。

思春期は、誰《だれ》しも戸惑い、揺れ動く大人への曲がり角である。ちょっとしたつまずきが人生を狂わせかねないデリケートな年ごろだけに、情緒不安定な、キレやすいとされた少年には、一層危なっかしい時期だと言える。

大半の子どもが多少のブレはあっても脱線してしまわないのは、家族の絆《きずな》、また友達など周りの人々との絆に支えられてのことである。

また、子ども自身について言えば、何であれ将来への夢、希望を持ってほしいと思う。望みがあってこそ自制や努力をする気になれる。さらに、年齢相応の心の定規を身に付けていることも助けになる。例えば、「神さんが見てる」と思えるだけでも随分違ってくるはずだ。

これらのすべてが、親のあり方に大きく左右されるものである。そして、親が親としての役割を十分に果たすためには、夫婦の和が欠かせない。翻《ひるがえ》って言えば、夫婦の絆が危うい家庭が少なくない今日の状況では、どの子がいわゆる逸脱行動に走っても不思議はないということだ。

今回のような殺害に至るケースは稀《まれ》にしても、それはさまざまな形で吹き出してくるだろう。

渋谷の少女監禁事件も、その一例といってよい。

どこにでもある家庭の状況を挙げて親の責任にされたのではたまらない、という親たちの気持ちは分かる。社会の病理という側面もあるだろう。また、親のできることにも限界がある。基本的には、ご守護の世界である。しかし、親以上に責任のあるものがあるだろうか。それは子どもを救う責任でもある。

本教では十五歳までの身上、事情は親に対するお知らせと教えられる。子どもに見せられた時、親はまず、自分の至らなさ故であると心からさんげし、その責めを負う覚悟をすることが肝心である。その覚悟こそが、子どもを立ち直らせるための出発点になる。また、周りの者としては、わが事としてサポートする姿勢が求められる。

これは何も問題が起きてからすることではない。常日ごろから、十五歳までは親の心通りと肝に銘じて子どもに対することであり、何よりも親神様、教祖のご守護、お導きをお願いすることである。子どもは、そうした親の思いに守られて人生の難所を乗り切り、成長していくのである。

（立教166年9月21日号）

〝にをい〟プラス〝掛け〟

〝にをいがけ〟という言葉には、布教や伝道といった、そのものズバリ教えを伝え、広めることを意味する語にはない響きがある。

匂《にお》いという言葉は、元来、光についていったもので、神または人の威光などが自ら発散し放出されるような場合に使われたという。従って、辞書を引くと、最初に「赤などのあざやかな色が美しく映えること」（広辞苑）と出てくる。

今日では、匂いと言えば、香り、香気あるいは臭気《しゅうき》といった嗅覚《きゅうかく》に訴えるものとするのが一般的だ。しかし、その場合にも、自《おの》ずと発散するかぐわしい香り（臭気ではなく）を指すのが本来のようである。

いずれにせよ、現象として見れば、ある物から発散した物質が空気中に拡《ひろ》がり、鼻腔《びくう》内に入って嗅神経に感知され、匂いとして感じられるということである。

こうしたことから分かるように、匂いはそれを発する物そのものではないが、その物の存在、さらにはその性質を間接的ながら知らせる役割を果たすことになる。

この、自ずと立ち上る匂いに〝掛け〟という働き掛け、積極的な行為を表す語がついて〝にをいがけ〟という言葉になっている。

そこにはまず、自ずと立ち上る匂いをかぐわしいものにせよ、というメッセージがある。匂いを発している本体は根本的には本教の信仰であるが、具体的には個々の、あるいは集団としての信仰者を通して伝わることにならざるを得ない。

それだけに、道の信仰者には、教祖の教えにふさわしい匂いを発していることが求められるし、また、お互いとしては、常にそのことを心掛ける一方、教えを貶《おとし》めるような臭気を発散していないかと自省する必要がある。

〝掛け〟という語には、匂いをただ自ずと立ち上ることに任せているだけではいけない、というもう一つのメッセージが込められているように思う。

本教が世界たすけを標榜《ひょうぼう》する教えであるからには、積極的に教えを伝えていく働き掛けが欠かせない。また、どんな身上、事情もおたすけいただけるよろづたすけの教えであるにしても、それを知らない人にとっては力になり得ない。苦しみ、悩む人たちに、こちらからおたすけのための接点をつくっていく必要がある。

〝にをいがけ〟という語は、そうした積極的な信仰実践としての性格を示す表現でもある。

先日、活発なにをいがけ活動で知られる教会の会長さんと話す機会があった。その時、ようぼくがにをいがけに踏み出すに際しての助言として、「にをいがけをしましょう」ではなく、「まず言葉を掛けましょう」と話していると聞いた。例えば、子ども連れの母親を見たら、「かわいいお子さんですね」といった具合にである。にをいがけと聞くと、何か教理の話をしなければならないように思って難しく考えてしまうからだという。

また、声を掛けられた人に、「この人とならお付き合いしてみたいな」と感じてもらえる声、表情そして人柄が大切だともおっしゃった。まさに〝にをい〟プラス〝掛け〟である。

まずは、動くということだ。必ずしも対面してでなくとも、にをいをチラシに託してのポスティングなども一つのにをいがけの方法だ。

もうすぐ、全教一斉にをいがけデー。それぞれに、よき匂いを届けよう。

（立教166年11月2日号）

心の持ち方が遺伝子に影響する

来春刊行の『すきっと』創刊号の企画で、筑波大学名誉教授の村上和雄博士の話を聞く機会があった。氏が高血圧の黒幕酵素レニンの遺伝子暗号解読などの業績で、学士院賞を受賞したようぼく科学者であることはご存じの方も多いだろう。

今回は、氏が目下進めている「笑いと遺伝子」の関係を探るという試みを中心にインタビューをした。

その一端は既に『サンデー毎日』（九月十四日号）で、「笑いで目覚める健康遺伝子」のタイトルで取り上げられ、話題を呼んだ。

この研究の底にあるのは「人の思いや心の持ち方が遺伝子に何らかの影響を及ぼすのではない

だろうか」という仮説である。

実験の対象には、いまや日本では成人の六人に一人といわれる糖尿病患者のグループを選び、笑いは吉本興業と提携して、漫才などを演じてもらう設定だ。笑いを選んだのは、外からの刺激で引き起こしやすい感情の表出であることと、陽気ぐらしからの連想があるという。

これまでの実験では、笑いが食後に血糖値の顕著な低下をもたらすというデータが得られているそうだが、引き続き、遺伝子の活性を見る同様の実験を準備中とか。

ゆくゆくは笑いに限らず、どういう心の状態がどの遺伝子に作用するのかも突き止めて、病気の治療や予防にも役立てたいという夢のある研究だ。「薬の代わりに、お笑いのビデオを処方する。そんな楽しい治療が始まるかもしれない」という話もある。

心と体の関係を、遺伝子を媒介に探るという壮大な試みの入り口に当たる実験と言えるかもしれない。

◇

「病は気から」という諺《ことわざ》を引くまでもなく、明るい気分が健康に良く、逆に憂鬱《ゆううつ》な気分が体に良くないことは見当がつく。しかし、だからといって、いつも漫才や落語を聞いているわけにはいかない。

問題は、どうすればいつも明るい気持ちでいられるかである。つらい時にも落ち込まずにおれるかだ。決して楽しいことばかりとは言いかねる、否、むしろストレスだらけの日常生活で、いかにして明るい気持ち、積極的な姿勢を持ち続けるかである。

本教では、その心の持ち方を「たんのう」と教えられている。たんのうとは元来、満足した心の状態を指す。

心は我がものであり、単に外からの刺激を受け取るだけでなく、自分が自由に使えるものである。だからこそ、苦しみや悲しみを、心一つでたんのうできるのである。

これは、お笑い芸によって引き起こされた一時的な心地良さからすると、はるかに高い心の働きだと言えよう。

言うまでもなく、たんのうは我慢でもなければ、諦《あきら》めでもない。また、無原則な受容でもない。成ってきた理を思案し、納得して、「これで結構、ありがたい」と受け止めることである。そして、そのつらい状況を転換する理づくりを決意することである。

この理に沿う思案と通り方によってこそ、たんのうは実《じつ》あるものとなる。

それは遺伝子を自由に操って、体の健康を生み出すだけでなく、より良い人生を築き上げてゆく心のあり方でもあるはずだ。

人生の集約点としての死

（立教166年12月14日号）

「天理やまと文化会議」で、ホスピスケア認定看護師を招いて話を聞く機会を持った。

ホスピスというと、とかく回復の望みのない終末期の患者を受け入れ、もっぱら苦痛の軽減を図る施設のようにイメージしがちだが、いくつもの体験を挙げながらの説明に認識を新たにする思いがした。

肉体的な苦痛の緩和だけでなく、死の恐怖や孤独感、喪失感といった精神的苦痛をも和らげ、最後まで人間らしく生きられるよう、患者本人を中心に、その家族も含めて、医師、看護師といったスタッフや、宗教家、ボランティアなどがチームを組んで支える積極的なケアであることがよく分かった。

例えば、患者さんが生涯で一番楽しかった温泉旅行の思い出を再現すべく、そこの砂湯の砂と湯の花を取り寄せた話など、迫り来る死を前に、最後まで患者に寄り添い、命を輝かそうと力を尽くす姿勢に心を打たれた。

また、死後も腫《は》れ上がった顔を、人に見せられないと嘆く家族のために、祈りながら二時間ほどもマッサージしたところ、リンパ液が滲《にじ》み出して元の顔に戻ったという話には、ケアが死によって終わるものではなく、遺族の心の立ち直りにまで続いていることを感じさせられた。

この話を聞きながら、あらためて強く感じたことは、死はプロセスであり、また、死にゆく人だけのものでもないということである。

私たちは、人が息を引き取る瞬間に重きを置いて死を受けとめがちだが、その瞬間に至るプロセス、もっと言えば、一生の集約点へ向かう生のプロセスとして、さらには、その後にも続く時間の広がりの中でとらえるべきではないかということだ。

また、人は単に一個の生体としての存在ではない。むしろ、社会的存在、すなわち、家族をはじめ周囲の人々とのさまざまな関係性において意味ある存在となるものである以上、死も当然、身近な人に強い影響を及ぼさずにはいないし、それは死後も続く。言い換えれば、肉体は滅びても、関係性が直ちに消滅するわけではない。その意味では、人々の間に生き続けると言ってもいいだろう。

天理教の教えからすれば、死はかりものである身体《からだ》をお返しすることである。しかし、身体の借り主である魂は不滅だから、目に見える形での関係は失われても、目に見えない絆《きずな》は残るということになる。

従って、死にゆく人にどのように接したかは、周囲の者の心の軌跡として残るだけでなく、死者の魂にも刻まれるはずである。しかも、やがて新しい身体を借りて、この世へ生まれ替わってくるとなるとなおさらだ。「どうせ、もうすぐ死ぬのだから」「死ねばそれまで」といった見方はあり得ない。

信仰的には、死にゆく人を大切に看取《みと》ることはもちろん、死後もおろそかにしてはならないことが帰結される。

また、死者と共にあるというだけでなく、将来生まれてくる者と共に生きているという含みもある。

こうしたことは非宗教的なケアとの相違はもちろん、死を天国や浄土への通過点とするキリスト教や仏教の立場とも異なる、緩和ケアのあり方の手掛かりとなるものではないかと思う。

立教一六七年

（二〇〇四年）

長い時間の流れで考える

（立教167年2月15日号）

岩波新書『宇宙人としての生き方』（松井孝典著）の中に、「かりもの」という表現があると聞いて読んでみた。

書名からも窺《うかが》えるように、著者は人間社会をビッグバンに始まる宇宙の生成、太陽系の出現、地球の誕生から現在に至るまでの大きな時間の流れの中に置いて、その可能性と限界を客観的に見つめている。

そして、この百年に人類が地球に強いた変化は、それまでの十万年分に相当するという。すなわち、資源を取り出し、利用してさまざまな文明の利器を作り出してきたお蔭《かげ》で、生産力は飛躍的に増大し、人口は四倍にも増えたが、その一方で、地球温暖化をはじめとする環境破壊、資源の枯渇など、人間の生存を脅かす事態が進行していると指摘する。

このままの勢いで文明が進歩していくとすると、地球環境が持たない。あと百年ぐらいで人類は滅亡するだろうと警告する。

そうした事態を回避するには、現在の政治体制、経済の仕組みなど、人間社会のあり方を根本的に見直さなければとして、「レンタルの思想」なる考え方を提案している。これは各自が所有することで豊かさを追求するこれまでの生き方を断念して、必要な時だけ借りるライフスタイルに転換しようというものだ。

確かに、宇宙的な長いタイムスケールでなければ見えてこないものがあると感じる。なにも環境問題ばかりではない。「今さえ良くば」という生き方は、大は借金漬けの国家財政から、小は個人の生活のレベルまで枚挙にいとまがない。

目の前、足元をしっかり見つめなければならないのはもちろんだが、それだけでは、いつの間にか行き止まりの迷路に入り込みかねない。先を見通し、目標を確かめて進路を修正することが欠かせない。

◇

筆者は、天理教の教えの特長の一つは、長い時間の流れの中で説かれていることにあると常々考えている。しかも、その悠久の時を貫く天の理法があるとする。九億年以上も遡《さかのぼ》る元初まりの話をはじめ、出直し、生まれ替わって、末代かけて、この地上に陽気ぐらしの世界を建設するという壮大な教えである。その大きな生命の流れの中に、個々の人間が、それぞれの生き方、心遣いの軌跡をいんねんとして背負いながら、生命のバトンを受け渡し、繋《つな》いでいく。

初めの話題に返れば、自分がまたこの世に生まれ替わってくると考えたら、誰《だれ》でも、より良い環境を後世に残さねばという思いになるはずだ。逆に、今生限りと思うと、今生に執着するだろうし、一方では、後の世の人のことなど気に掛けないということになりがちだ。

先に挙げた「レンタルの思想」に関連して、松井氏は「自分のからだを自分の所有物だと思っています。しかし、これは物としては地球から借りているにすぎません」と述べている。これは、かしもの・かりものの教理の説くところに通じる。氏はかつて天理を訪れたことがあり、そのとき耳にした話にヒントを得たとも聞く。

しかし、当然のことながら、画期的と言ってよい「レンタルの思想」にも、出直し、生まれ替わり、心通りの守護、いんねんといった含蓄はない。

あらためて、教祖の教えの懐の深さを思わずにおれない。

（立教167年3月28日号）

「お蔭さま」で生きている

昨年の秋ごろからアジア各地で発生していた鳥インフルエンザが、今年になって山口県、そして京都府と、日本にも飛び火してきた。またしてもの感を禁じえない。

実はこの「視点」欄で、一昨年四月にはＢＳＥ（いわゆる狂牛病）騒動からトレーサビリティ（追跡可能性）を話題にし、昨年五月にはＳＡＲＳ（新型肺炎）に関連して新感染症の問題を取り上げた。世界的規模で物や人が動いている今日では、一地域の問題が、その地域その国だけにとどまらないということだ。

今回のケースでは、野鳥への感染も確認されている。感染の拡大を抑え込めるか、ヒトからヒトへの感染は起こらないか、いまだ予断を許さない状況である。

ＢＳＥ発生による米国産牛肉に続いて、感染地域からの鶏肉の輸入が停止され、その影響は関連する業界だけでなく、家庭の食卓にまで及んでいる。

マスコミは、そうした日常生活に直結する情報を連日流している。その中で、あまり語られないが、多くの人が違和感を覚えたのではないかと思うのは、感染拡大を防ぐためにニワトリを処分している映像だ。

生きたまま袋に入れられ、埋められる様子は、やむを得ないこととは言いながら、見たくない光景だ。ベトナム一国で四千万羽を処分したという。その鳥インフルエンザ感染の終息を宣言したはずのベトナムで、新たに十六人目の死者が出たと報じられている。

ほとんどの消費者にとって鶏肉や卵は、スーパーや肉屋の店頭で買い求めるものだろう。ニワトリに限らず、牛にせよ豚にせよ、それを育て、屠殺《とさつ》、解体し、店先に並ぶまでには多くの人手、プロセスを経ている。

◇

そのお蔭《かげ》で、私たちは肉を口にすることができる。決して金さえあれば手に入るというものではない。その証拠に、いくら金があっても無人島では何も買えない。人間は昔も今も多くの人の世話になり、支えられて生きているのである。お金の陰に隠れて見えない、自分に代わって働いてくれている人々に対する想像力を失いたくないものだ。同じことは生産者についても言える。

自給自足に近い状態なら、たすけ合う相手の顔も見えるが、貨幣経済の発達は、お金の向こうにある人の姿を見えなくしてしまった。媒介物が目的化している感さえある。しかし、現実はどうあれ、貨幣は本来エゴイズムの象徴などではなく、むしろ、広範な、不特定の人々とのたすけ合いを保証するものとしてあると考えたい。

また、多くの人たちのお蔭ということとともに、それ以上に心すべきは、人間のために命をささげてくれた生き物たちのお蔭ということである。

それは動物ばかりでなく、野菜や果物といった植物についても言える。私たちは多くの生き物の命を頂いて生きていることを忘れてはならない。

『稿本天理教教祖伝逸話篇』には、近所の小川でとれた雑魚《ざこ》を甘煮《うまに》にしてお目にかけると、教祖は「食べる時には、おいしい、おいしいと言うてやっておくれ」（一三二「おいしいと言うて」）と仰せになったとある。喜んで、感謝して食べるようにということだろう。また、「得心さしたなら」とのお言葉も見える。ゆめゆめ粗末にしてはならないということである。

そして、より根本的には、それらの生き物を育《はぐく》み、人を生かしめる親神様のご守護に御礼申し上げるということになる。

時空を超えた万人の座標軸

（立教167年5月9日号）

先に、にをいがけの一助にと道友社が発刊した『すきっと』の第二号が店頭に出た。天理教のことをあまり知らない人にも興味を持って読んでもらえるようにと、お道のにをいをベースに、著名な人たちにも登場してもらい、写真を多用して親しみやすいものをと心掛けた。大いに活用していただきたいと願っている。

筆者も立場の上から、エッセイストでもある数学者の藤原正彦氏へのインタビューを担当することになった。

氏はその中で、宗教や伝統に額《ぬか》ずく心の大切さを強調し、心の拠《よ》り所《どころ》、座標軸を持たない人間は、どんなに理性的に考えたつもりでも、しょせん自己正当化にならざるを得ない、なかなか善悪の判断がつかないものだと断じられた。

さらに、宗教を信じることのできる人は幸せだが、そうでない人は伝統に跪《ひざまず》くべきだし、氏自身は武士の末裔《まつえい》らしく、自らの拠り所として武士道を挙げる。

そんなこともあって、新渡戸稲造著の『武士道』を読み返してみた。

ご承知の向きも多いと思うが、この本はもともと欧米人を対象に英語で書かれたものである。その序文には、執筆の動機が明らかにされている。すなわち、日本の学校では宗教を教えないと聞いたある外国人学者が発した「宗教なくして、どうして道徳教育を授けるのか」という問いへの答えを探ることから生まれてきた書である。そして、著者はあらためてその幼年期を振り返り、自らの道徳心の源泉は武士の子としての訓育、すなわち、武士道にあると思い至る。

従って、これは武士道そのものというよりも、日本人の道徳心の源泉としての武士道を考察したものである。

率直に言って、なかなか読みづらい本である。一つには、武士道なるもの自体、武家社会の成立の過程で自然発生的に形づくられてきた規範だからであろう。

また、何と言っても、武士道の母体である封建社会が既に瓦解《がかい》し、それを必要とした武家社会、武士階級が存在しないことが、その内容を納得しにくいものにしている。さらに言えば、私たちの奉ずる教えが、その幕藩体制の終焉《しゅうえん》と立て合うように登場し、人は皆、神の子であって、本来高低《たかひく》はないと説く教えだからでもあろうか。

それだけに、藤原氏がなぜ武士道を拠り所とするのか、さらには、ハリウッド映画のせいにしろ、ちょっとした武士道ブームがなぜ起きたのか理解し難《がた》いという気にもなった。

それはつまるところ、今日の日本人の多くが確たる座標軸を持っていないということから来るものなのだろう。

考えてみれば、多くの人が座標軸を共有できるためには、変化の少ない、閉じた社会であることが欠かせない。変化の激しい流動的な今日の社会では、価値観の共有どころか、それを持つことさえ容易でない。

武士道は江戸時代の二百五十年の平和が完成した精神的伝統の粋《すい》と言ってよい。しかし、それにしても、当時の町人や農民が武士道を心の拠り所にしたとは思えない。武士道の二本の柱、主君への絶対的忠誠と、死すべき時に死ぬ覚悟は、やはり武士階級のものでしかあり得まい。儒教の影響を強く受けている武士道に対し、庶民の道徳の源泉はむしろ仏教や古来の民間信仰だったのではと考えられる。

いずれにせよ、土地や身分に拘束された、しかし、安定した封建社会という母体があってこそのものである。今日いかに座標軸を持たない人間が多い時代だといっても、だから武士道とはならないと思う。

『諭達第二号』には「確かな拠り所を持たぬが故に、我欲に走り、安逸に流れがちな人々に、心の定規を提示し」とある。まさに、心の基軸を持たない人間が利害得失に走り、欲望のままに流されがちな世相が的確に指摘されている。それは遅かれ早かれ、身上、事情の苦しみ、悩みとなって現れずにはいないものである。

教祖が教えてくださった心の定規は、単にそうした苦悩を避けるための心得であるだけではない。世界一れつの陽気ぐらしへ向かう生き方の壮大で精緻《せいち》な体系である。

万人が、時空を超えて拠るべき座標軸と言ってよい。

調和ある親子関係のために

（立教167年7月4日号）

長崎での小学六年生の女児による同級生殺害から一カ月。事件の衝撃は薄れつつあるかに見えるが、その突きつけた問題は重い。

当初は、特にホラー小説の影響を受けたらしい残虐さや、インターネット上のチャットでの行き違いが直接の動機という特異性に注目が集まった。

確かに、小説やゲームの中の仮想的な世界と現実の区別がつかなくなったという面もあろう。声や表情を伴わないコンピューター画面でのやりとりは誤解を増幅しやすいという指摘も頷《うなず》ける。

そんなところから、コミュニケーション能力が未発達な小学生にパソコンを教えること自体が疑問だという意見も出たりした。

どれも一理あるが、問題の根っこは、もっと奥深いもののように思う。

昨今、日本では、青少年による異常な事件が報じられるたびに、その背景として「父親不在、母子密着」が言われてきた。

また、今回の事件と神戸の連続児童殺傷事件との共通項として、「厳しい母親」の存在を指摘する識者もある。

報じられるように、加害女児の父親が養子で病弱、母親が主たる働き手というのが事実とすれば、典型的な父性欠如の家庭のように思える。しかし、母子が密着していたかどうかとなると、どうも母と子の間の親密さが乏しいような気がする。それは例えば、母親が受験勉強のためにクラブをやめるよう強制し、子どもの繰り返しての懇願を聞き入れなかったところに窺《うかが》える。

こうしたことを併せ考えると、父親の影が薄いことが母性の過剰を生むというよりは、父親に代わってあれこれ指示をする、いわば擬似父親になることで、本来の母性を忘れてしまったケースのように思われる。

◇

元来、母性はぬくみ。胎内に居た時からの無条件に包み込む母子一体的心情と言ってよい。一方、父性はこの一体関係に社会の規範を教える理性的な役割を持つ。

この両者のバランスが取れているのが望ましい親子関係だが、一方が足りなかったり、過剰だったりすると家庭のあり方に歪みが生じ、特に子どもの人間形成に悪影響を及ぼすことにもなる。母性と父性はまさに情と理、火と水の対《つい》である。盲目的になりかねない母性を理性で制御する父性の役割は、火をコントロールする水に対比される。

お道の者ならもっと直截《ちょくせつ》に、「天地の間に抱かれ、ほどよいぬくみと水気の調和の中で人が生まれ育つように、子どもは父母の一手一つ、理と情の調和ある慈しみの中でこそ順調に育つ」と言うところである。

◇

こうした原則を確認した上で整理すると、父性の欠如は、一面では、社会のルールを無視した自己中心的な子どもを生みかねない。

しかし、母親が父親代わりになってしまうと、家庭からぬくみが失われがちになる（今回のケースは後者の例のように思われる）。ぬくもりのない、厳しい家庭となると、子どもはいじけたり、裏表を使い分けることにならざるを得まい。その内面の鬱屈《うっくつ》がはけ口を失った時、思わぬきっかけで暴発することもあり得る。

事件という形で表面化するのは稀《まれ》にしても、似たような家庭は決して少なくない。

その意味では、ちょっとした事件は日常的に起こっているとも言えよう。

いずれにせよ、子育てには父性と母性の両方が欠かせないということだ。現実には、まず父親の自覚と積極的な関与が求められる。しかし、仕事に追われがちな父親が家庭内での存在感を持つためには、やはり夫婦の和が大切ということになる。
また、子育ては親だけでできるものではない。周りの人たちの心配り、援助が不可欠だ。人間関係がますます希薄になる今日だけに、一層心したいと思う。

自然災害の意味を考える

（立教167年8月22日号）

夏場になると台風がやって来るのは毎年のことだが、今年はちょっと様子が違うようだ。六月に二度も上陸したのも例の無いことらしいが、「こどもおぢばがえり」期間中にやって来た10号の進路には気をもまされた。速度が遅い上に、八丈島沖から反転西下し、近畿圏を窺《うかが》う形勢になったからだ。不測の事態に備えて会場ではテントの巻き上げや一部設備の撤収など、裏方は大童《おおわらわ》だった。

幸い直撃は免《まぬか》れ、一部行事の中止や変更はあったものの、大きな影響は無く胸をなで下ろした。しかし、近畿直撃は免れたとはいえ、四国、中国を横断、進路に当たった地方には大きな被害をもたらしたわけだから、良かったと言うだけでは済まされない。

台風など無ければというようなものだが、厄介者としか思えない台風がもたらす雨は、梅雨とともに、日本の農業、特に稲作に欠かせないものだそうだ。

被害を最小限に抑えることさえできれば、全体としては、むしろ恵みと受け止めるべきなのだろう。

そのように考えると、誰《だれ》かが引き受けなければならない損な役割を、被災した人たちに、いわば代表して引き受けてもらったのだと思えるし、被害に対しては進んで援助の手を差し伸べようという気持ちにもなろう。決して、いんねんの悪い人たちが被災したなどとは言えないと思う。

「おふでさき」を繰ると、

このせかい山ぐゑなそもかみなりも　ぢしんをふかぜ月日りいふく　（六号91）

かみなりもぢしんをふかぜ水つきも　これわ月日のざねんりいふく　（八号58）

とある。

台風ばかりでなく、地震や雷、水害などの天災は月日・親神様の残念、立腹の現れだというのである。お歌の前後の文脈からすると、その背景には「高山」の横暴があることが窺える。

一般的に言っても、大勢の人が一時に被災する自然災害の場合、その残念、立腹が個々の罹災《りさい》者に向けられたものとは考えにくい。

その程度にもよろうが、その地域、さらには国、ひいては世界に対する「お知らせ」と受け止めるべきではないかと思う。従って、難を免れた者としても、親神様の思召《おぼしめし》に沿わぬ人々の姿、世のありように対する警告であって、決して他人事ではないと承知することが大切だと思う。

◇

今年も八月の声を聞くとともに、原爆忌や終戦記念日をめぐる慰霊の諸行事が催され、マスコミはこぞって報道特集を組んだりした。

天災ではないが、戦争や原爆による犠牲者についても同じようなことが言えるのではないか。原爆について言えば、いんねんの悪い人たちが爆心地近くに集まっていたとは誰も考えないだろう。敢《あ》えていんねんという語を使うなら、国のいんねん、世界のいんねんのなせる業《わざ》と言うしかあるまい。

もっとも、これらは天災と違って、すべて人間の心と行為が作り出したものである。それだけに、人間の心を改めれば間違いなく無くなるはずのものだが、それがなかなか難しい。

◇

天災の被災者や戦争の犠牲者に関して、いずれの場合も個人のいんねんに帰すべきではないと述べたが、それは個人には責任が無いということではない。難を逃れた者も皆、我がことと受け止め、一人ひとりが心の向きを神意に適《かな》う方向へと変えることを通してのみ、戦禍はもとより災害も無くなるのであろうから。

身体は人間理解の共通項

（立教167年10月17日号）

米大リーグ、マリナーズのイチロー選手が年間最多安打記録を八十四年ぶりに更新した。その日、筆者にこのニュースを伝えてくれたのは、とても野球に興味を持っているとは思えない人だっただけに少々驚いた。それほどに、日本中の多くの人が固唾《かたず》をのんで見守っていたということだろう。

大リーグの年間安打の十傑が、イチロー以外はすべて一九三〇年以前という点にも、新記録のすごさが見てとれる。イチローは「時代を巻き戻したスーパースター」と呼ばれているそうだが、それはベーブ・ルース登場以前のスピードを重視した野球の面白さを呼び戻したという意味である。

こうした連日の報道に、野球少年だった筆者が小学校時代に読んだ名選手の物語の一場面が甦《よみがえ》った。

それは、黒人初の大リーガー、ジャッキー・ロビンソンが、最初の打席でバントヒットを決め、その直後、立て続けに二盗、三盗、本盗を成功させて野次《やじ》や嘲笑《ちょうしょう》を沈黙させたというエピソードだ。彼は、黒人の地位向上に貢献したとして、キング牧師に次ぐ位置付けを与えられている伝説的人物である。

この挿話を思い出させたのは、イチローの快挙に対するあるアメリカ人の感想、「イチローは、日本人やアジア人に対するわれわれの見方を変えた」だった。

こうしたコメントが出てくるのも、アメリカ的価値観を体現するとも言える国技・ベースボールならではのことだろう。多様な人種、文化的伝統からなる国民を統合し、アメリカ的価値観を植えつける上で、ベースボールは大きな役割を果たしてきたといわれる。したがって、米国のプロ野球選手は、社会の模範たることを求められることにもなる。

イチローが日本人を見る目を変えた、と言わしめた大きな理由は、アメリカの国技で示した卓越した能力だけでなく、彼の野球に取り組む真摯《しんし》な姿勢にもあろう。

そして、それ以上に、スポーツの持つ身体性が共感を呼びやすいということがあると思う。異文化間の相互理解には常に言葉の壁が立ちはだかる。もちろん高度な内容の理解は言葉を介さずには不可能である。しかし、人間理解のためのベースとも言える親近感、共感を呼び起こすという意味では、本来、万人共通のかりものである身体《からだ》を通しての交流が重要な役割を果たし得ると思う。

◇

こうした身体の持つ人間理解の可能性について考えるうち、筆者の脳裏に浮かんだのは、戦前、中国へ渡った部内のある布教師の述懐だ。それは「私は中国語はほとんどできなかったが、民衆と共に城郭内に住み、一緒にハエを追いながら食事をした。その中で、何よりも有難《ありがた》かったのはおさづけの理の効能だった」という話である。そのおかげで、中国語を学んではいたが、郊外の高級住宅街から通ってきていた他宗の伝道者よりも、中国の人たちの信望を集め得たというのである。

布教師の誠真実に、親神様、教祖のご守護、お導きを頂戴《ちょうだい》してこそのことであるが、これは今も変わらぬ布教師の心得と言えよう。

等しくかりものである身上のたすけのために頂戴しているおさづけの理の尊さを、あらためて思った。

今日には今日の困難が

「今は行政では救えない人がたくさんいます。教会ではそうした人たちを引き受けてくれるので、地域ではちょっと有名なんです」

これは『みちのとも』十二月号の教会長密着ルポの一節である。その教会では、これまで精神障害者やひきこもり、多重債務者など五十人もの人を預かってきたという。冒頭の声は、その教会のようぼくで民生委員をしている婦人のものである。

この記事を読んで、先だって天理やまと文化会議の席上で出た「近ごろは、医療の進歩や福祉の施策の充実で、お道のおたすけの入り込む余地が少なくなってきたのではないだろうか」という話を思い出した。

それに対し、ある委員が「現在、地方自治体では、公立の障害者施設を廃止して、地域や民間の手に委ねる流れがある」として、障害者が地域で普通の生活を送れるようにという理念は正しいが、そのためには地域住民の理解とボランティアなどの支援が欠かせないとコメントした。

また、そうした背景には、財政赤字に苦しむ自治体の負担軽減という狙いがあるとも。

（立教167年12月12日号）

医療の進歩についても同様のことが言える。そのおかげで命を取り留める人も増えただろうが、一方、老人医療費や高度医療費の増大は、健康保険制度を危機的状況に陥《おとしい》れ、患者に自己負担増や入院日数の制限などを強いている。また、急激な社会の高齢化に、介護や年金制度が対応しきれない等々。

このように、行政だけではどうにもならない（もちろん行政抜きでは考えられないが）状況があらゆる領域で生じてきているといってよい。まして、初めに挙げたひきこもりや多重債務、また家庭問題などはなおさらだ。

しかし、考えてみれば、工業化に伴う人口の流動以前は、ちょっとした問題は大抵、家族や身内、地域の範囲で処理されてきたのである。

近代化、都市化は多くの人に便利な生活をもたらしたが、同時に地縁、血縁的な共同体を解体し、その問題解決力を失わしめた。

ともあれ、初めにふれた例のように、公的な福祉施設を廃して、地域に返すと言われても、地域にはそれを支える力が既に失われてしまっている。冠婚葬祭をはじめ私的な問題でも、かつては身内や地域の長老や世話焼きが、ひと肌脱いでくれたものだが、いまや孤立した核家族には相談する相手もない。〝ホテル家族〟という言葉に象徴されるように、その家族の絆《きずな》さえ脆弱《ぜいじゃく》化している今日の世相である。

順調な時は気楽で快適な近代家族も、いったんレールから外れると這《は》い上がるのは容易でない。豊かさの陰で、あるいは豊かさ故の苦しみにあえいでいる人が少なくない現実がある。

行政では救えない人たちに、教友がたすけの手を差し伸べるのは、単なる公的サービスの補完ではない。一れつきょうだいのたすけ合いを掲げる教えの実践を通して、人が人らしく生きていく上で欠かせない心の絆を回復し、強め、広げる営みである。

かつて、長年にわたり結核が死因の第一位を占めていたころ、死病として、村人や時には家族にさえ忌み嫌われた病人のおたすけに、道の先輩は命懸けで取り組んだ歴史がある。

それは「医者の手余り」をたすけることのみならず、身近な人たちからも疎まれた孤独な魂を救う行為でもあったに違いない。

身上にせよ、事情にせよ、今日には今日の苦しみ、困難がある。一れつの澄み切りには程遠い現状からすれば、おたすけの種は尽きるはずがないのである。

立教一六八年

（二〇〇五年）

仕事に就こうとしない若者

（立教168年1月16日号）

最近「ニート（NEET）」という言葉をよく見聞きするようになった。学校にも行かず、働きもせず、仕事に就くための訓練も受けていない若者を指す略称である。

長引く不況の中で、新卒者の就職難やフリーターの増加が問題にはなるが、日本でニートが話題に上るようになったのは比較的最近のことだ。それというのも、バブル崩壊後の一九九〇年代後半から一気に増えてきた現象だからである。

フリーターとの一番の相違は、働く意欲を持っていないことだとされている。従って、その生活は親に全面的に依存せざるを得ない。そんなこともあって、親が甘やかしているからだという批判もある。若者の怠惰、無気力を指摘する声も少なくない。それも確かに否定できないと思う。しかし、ここ五、六年で急激に増えたということは、個人の資質にのみ帰着できない背景があるということだろう。

ニートは英国で使われ始めた言葉だが、欧米先進国では八〇年代から問題になっていた現象である。

例えば、米国では、既に八一年に「高校を出ても大学に進むでもなく、仕事につくでもないという青年がだんだん増えている。古くからの仕事の種類は減り、新しい仕事はますます高度な学問と準備教育を必要とするにつれ、事態はますます悪化するようになる」（宮本みち子著『若者が《社会的弱者》に転落する』から）という報告があり、産業構造の転換が背景にあるとの認識が示されている。

これは日本国内で四百万人以上といわれるフリーターの増加とも共通する背景である。

産業のＭＥ（マイクロエレクトロニクス）化に加えての生産拠点の海外移転は、優秀な少数の正社員と単純労働に従事するパートタイマーという二極化傾向を生み出した。

さらに、企業が正社員の新規採用を手控えるとなれば、新卒者の多くが、パート労働者や無業者になるのは当然だろう。正社員になれない若者が増えたのは労働市場の悪化のもたらした必然だとしても、フリーターとニートを分ける要因は一体何だろうか。

求職活動をしたことがない、あるいは、やめてしまったニートの若者に、その理由を尋ねると、最も多いのは、「人づきあいなど会社生活をうまくやっていける自信がない」ことだという（玄田有史、曲沼美恵著『ニート』による）。次いで、自分に向いている仕事が見つからない、適性が分からないなど、いずれも自分に自信を持てずに、社会の入り口で立ちすくんでいる気弱な若者像が浮かんでくる（もっとも、一部には享楽的なドラ息子〈娘〉も居るようだが）。

　こうした傾向には、各人の心理的、精神的要素が少なからずかかわっているように思われる。そして、その背後には、家庭をはじめ、学校や地域における人間関係や受けてきた教育、感化といった、若者が置かれてきた環境の影響があろう。

　ニートはとらえどころがないと言われたりもするが、先に述べたような要因がさまざまに絡み合って生じた、決して、個人の責任だけにはできない社会現象である。

　今後もグローバル化の名のもとで、二極化の傾向は強まるだろう。ニートの問題も、その増加だけでなく、親がいなくなった時にどうなるかなど、将来、一層深刻化することが予想される。早急に若者の自立を促すような施策が講じられるべきだ。

　おたすけの観点からも、既に見過ごせない問題になりつつある。どのように受け止め、向き合うべきか、教えに基づく思案が求められるところである。軽々に言うことはできないが、ひながたに照らしてみても、少なくともそれは〝勝ち組〟になることを目指すものではあるまい。

　まずは、富や地位にとらわれない価値観、生き方を提示したいものだ。さらに、例えば、将来に希望を失いかけている若者には、努力は必ず報われる、天の帳面に付けてあると励ましてやりたい。また、自分のやりたい仕事、自分に合った仕事がないと嘆く若者には、世の中の役に立つ仕事は、すべて働く（側楽）に値すると伝えてやりたいと思う。

ふしから芽を出すことさえできれば、立ち止まることも決して悪くない。絡み合った要因の一つでもほぐすことができれば、ニート状態から立ち直る、またニートに陥らないための助けになる。お道の教えは、そうした手掛かりをいろいろと提示できるように思う。

〝神様からのお与えもの〟を生かす

（立教168年3月13日号）

先ごろ、京都議定書が採択以来七年を経てようやく発効した。地球の温暖化を食い止めるために、先進国を中心に温室効果ガスの排出を削減しようという条約である。

一九九〇年の排出量を基準として、二〇〇八年から五年間で少なくとも五パーセント減らすことを目標に、国ごとに目標とする数値を掲げて削減に取り組むことになっている。ちなみに日本の削減目標は六パーセントである。

ささやかな一歩ではあるが、単なる掛け声ではなく、数値目標を挙げ、成果についても報告を義務づけている点は画期的なことと言ってよい。

ささやかなという意味は、実際には五〇パーセント以上の削減が必要だとされていることや、開発途上国には削減義務が無く、しかもその中に世界第二位の排出国である中国や五位のインドが含まれているからである。

さらに、世界の排出量の四分の一を占めるアメリカが、産業活動への制約を理由に離脱したことから実効性を疑う声もある。もっとも、産業活動との相克は共通の難問で、日本でも、近年の景気回復傾向とともに排出量が増えているという。より豊かで快適な生活をと願わぬ者は無いだけに、大きなジレンマである。

この発効を祝う式典に招かれたノーベル平和賞受賞者でもあるケニアの環境副大臣が、日本語の〝もったいない〟という言葉に感銘し、「〝もったいない〟を世界語にしたい」と発言して話題になった。

勿体《もったい》とは、物の本体を意味する語である。そこから〝もったいない〟は、物の本体を失する、すなわち、「使える物が捨てられたり、働ける者がその能力を発揮しないでいたりして、惜しい感じ」をいう（日本国語大辞典）。従って、それは単なる節約ではなく、まして吝嗇《りんしょく》などではなく、物、さらには人が十分生かされていないことを惜しむ心である。先の発言がそうしたニュアンスを理解した上のものかどうかは知る由《よし》もないが、環境保護のためには、危機感だけでなく、その根底に「物を生かす心」が無ければというのは本当だろう。

◇

教祖は「物は大切にしなされや。生かして使いなされや。すべてが、神様からのお与えものやで」(『稿本天理教教祖伝逸話篇』一三八「物は大切に」)と仰せられた。

物を生かして使わねばならないのは、それが神様から与えられた物だからと、その根拠をお示しになったのである。この観点から、私たちの身の周りのさまざまな物、さらには人を見直してみると、いささか見え方が変わってくるような気がする。

まずは与えを喜ぶ、感謝の心が湧《わ》いてくるはずだ。また、粗末にしては申し訳ないという気持ちにもなる。自《おの》ずと慎む気にもなる。慎むとは自らの欲望や癖性分を制御することである。『諭達第一号』には「飽くなき欲望は生命の母体である自然環境をも危うくして、人類の未来を閉ざしかねない」とあったが、己を慎み、物を生かす生き方こそが、人類の未来を開き得るということだろう。

それは必然的に簡素なライフスタイルを指向するに違いない。たとえ物の豊かさや快適さとは隔たった生活であろうとも、心は神への感謝に充《み》ち、欲望の鎧《よろい》から解き放たれた、澄み切った陽気づくめの境地に向かう生き方だと思う。

二極化する日本社会

（立教168年5月8日号）

近年、日本の社会で二極化が進行していると言われる。

その傾向は広範囲にわたるが、例えば、若い世代に顕著な、雇用や収入が安定した正社員と、そのいずれもが不安定なフリーターへの二極化を挙げることができる。

グローバル化の流れの中で、企業も、経営の中核となる人材や専門的な能力を必要とする部門の要員としては一定の正社員を採用するものの、代替可能な部分は人件費の安い海外での生産やパート労働で賄《まかな》おうとする。

大学を卒業すればほぼ中堅会社に就職でき、終身雇用と年功に応じて昇進、昇給することが期待できた高度成長期と違って、今では何かアピールするものがなければ正社員になることも容易でない。

さらに、いったんパートタイマーになれば、その単純労働故に職業的能力の向上も見込めず、不安定な身分では結婚もままならない。

また、家族を持っても養育に苦労することになる。せめて子どもにはアピールするものをと願っても、それには、高い能力や教育が求められる。が、親の教育費負担（塾も含め）が先進国中で格段に高い日本では、正社員ならぬ身にはそれもかなわない。

こうして能力と財力のある者はますます優位に立ち、それらに恵まれぬ者は容易に這《は》い上がれない状況が、既に強まっているという。一億総中流と言われた中間層が分解しつつある。もっとも、同様の二極化は日本に限ったことではなく、先進国に共通する現象らしい。

グローバルな競争を勝ち抜くには、やむを得ないことかもしれない。また、高い能力を持つ者には、たとえ若くとも活躍し、評価される機会が増えているのも確かだろう。

しかし、問題は、その一方で、平均的な青少年の間でさえ、将来にあまり希望を持てない、従って、やる気が起こらない気分が広がっていることである。

「努力しても報われない」という思いが強くなると、まじめに仕事をすることが馬鹿らしくなる。将来の計画を立てる気にもなれず、今の楽しみに耽《ふけ》る刹那《せつな》的、享楽的な生き方に流れがちだ。自尊の感情も持てない。

中には、疎外感を募らせ反社会的な行動に走る者も出てくる。最近ちょくちょく耳にする自己破滅的な犯罪にそれを感じる。

このような風潮は、決して看過できるものではない。

二極と言えば、ややニュアンスは異なるが、「おふでさき」に高山と谷底、上と下といった対比がある。

◇

もちろん時代や状況も異なるから同列に論じることはできないが、そうした構図そのものというより、支配層、上層の者が恣《ほしいまま》に振る舞い、下層の人々がうちひしがれている様子を嘆いておられるように拝される。さらに、その根本的な原因は、上、高山が神意を解さないことにあるとして、その教化を仰せ出される。それにつけても、繰り返し仰せになるのは、いずれも皆隔てなく神の子供だということである。

また「一れつろく地」ともお聞かせいただくが、それは抑圧や収奪といった上下関係を否定し、互いにたすけ合う水平な役割分担を意味するものではないかと思う。

共生が言われながらも競争がますます激化する今日では、ほど遠い話にしか聞こえないかもしれないが、この果てしない、しかも目的地の定かでない競争が早晩破綻《はたん》することは必定《ひつじょう》だ。道の信仰者としては流れに逆らえないまでも、呑《の》み込まれることなく、陽気ぐらしという大目標への歩みの中に自らを位置付けるとともに、をやの思いを知らないままに、希望を失っている若者に何とかたすけの手を差し伸べたいものと思う。

人ごとでない「引きこもり」

（立教168年7月3日号）

先日、次号の『すきっと』のための対談で富田富士也氏と話をする機会があった。氏は「引きこもり」という言葉を初めて使ったことで知られる教育カウンセラーだが、豊富な経験に裏付けられた見解は示唆に富むものだった。

あらためて感じたのは、「引きこもり」が社会問題として取り上げられるようになって既に二十数年になるが、事態は改善されるどころか、むしろ「引きこもり症候群」とでも呼ぶべき広がりを見せているということだ。

その最初は都市部の小、中学校での不登校として始まり、やがて全国的な現象になるとともに、学齢期を過ぎた青少年の引きこもり、さらには最近よく話題に上るニートなどと、さまざまな現れ方をするようになってきた。

しかし、呼び方は違っても、根底には共通のものが流れている。すなわち、うまく対人関係が結べずに、集団から引いてしまった姿だということである。

年間十万人に及ぶ高校中退者の問題やフリーター、パラサイトシングルと呼ばれる若者の問題ともつながると言ってよい。

そうしたことからも分かるように、「引きこもり」は決して特殊な、病的な状態ではない。誰《だれ》にでも起こり得る、あるいは、誰もが潜在的に持っている心的傾向といえるのではないか。それが社会の状況や周囲の環境によって、さまざまな形、度合いで顕在化することになる。

時代的背景として考えられるのは、何といっても人間関係の希薄化だろう。

高度経済成長以前の農業を基盤とした社会では、何代にもわたる地縁、血縁や共同作業を通しての、時にしがらみとも思える濃密な人間関係があり、子どももまた農繁期には農作業を手伝い、それなりに家事を受け持つ家族関係があった。その中で、人との間《ま》の取り方を学び、仕事も習い覚えていったのである。

昨今の希薄な人間関係の中では、そうした機会がほとんど無い。隣近所はおろか、家族間の会話さえ乏しい状況だ。また、人とあまりかかわらなくても何とかやっていける世の中でもある。問題のない間はそれでもいいが、何か行き違いが生じた、衝突したとなると立ちすくむ、パニックに陥ることになりかねない。

大抵の人は、そんなことがあっても、気持ちを切り換え、また、そこから学びながら、あるいは励まされて立ち直ってゆくのだが、中には人と接するのが怖いと引きこもってしまうケースも出てくる。

考えてみれば、新しい集団になじめないとか、何かの集まりなどで、イヤな思いをしてから足が向かない、といった経験は誰でも持っている。「引きこもり」は決して人ごとではない。

こう見てくると「引きこもり症候群」にならないための基本は、まずは家族間のコミュニケーションにあることが分かる。それも、親としては、子育ての中でひとりでに子どもの社会化がなされる時代ではないことを自覚して、子どもに意識的に働き掛けることが必要だ。

また、引っ込みがちな人には、周りの者が声を掛ける、誘うといった心配りが望まれる。

自分には引きこもり傾向があると感じる人は（筆者もそうだが）、なおさらそうしたことを心掛けたいものだ。そのことによって、心ならずも引いてしまう人を引き出せるだけでなく、自分自身が引きこもらずにすむようになるだろうから。まさに「人をたすけてわが身たすかる」である。

郵政民営化に思う

（立教168年8月28日号）

郵政民営化法案が一部自民党議員の造反により参議院で否決され、小泉首相は衆議院を解散した。

郵政民営化の是非を問う選挙だというが、大多数の国民にはその内容もよく理解できないまま、刺客騒ぎなどに目を奪われているのではないか。

たまたま見たNHKスペシャル「水は誰《だれ》のものか？　第一回　狙われる水道水」で、水道事業を民営化した結果生じた海外の事例を扱っていた。料金が大幅に値上げされた例や、水道部門の利益を他事業に投資したものの失敗、そのツケが回ってきた例など、民営化の負の側面が紹介されていた。水は空気と並ぶ生命に直結する資源だけに、利潤追求の手段としてもいいものか疑問を感じさせられた。

郵政事業は水ほど死活にかかわるものではないが、郵便料金の全国一律制が維持できるのか、郵便局が減りはしないかといった身近な不安はぬぐえない。しかし、それ以上に大きな意味を持つはずの金融面への影響となると、生半可な知識では判断がつきかねるというのが率直なところだ。

一般に官業には、官僚的、非能率、不親切といったイメージがある。いわゆるお役所的というやつだ。また、既得権を守るために民営化に反対する人たちがいるという事実もある。規制緩和、グローバル化の時代には、競争力を付けるためにも民営化は不可避ということだろう。

一方、民営化された場合、利潤を追求するあまり、先に述べたような不採算部門や店舗の廃止、縮小が懸念されるし、さらには、外資による介入、買収だってあり得る。

いずれにせよ、人は鼻先に人参をぶら下げるか、尻をたたくかしないと、やる気を起こさないものだという人間観はいかにも寂しい。

もし、それが事実だとすれば、そうした心的傾向こそを改めなければ、どんなに制度をいじっても根本的な解決にはならないと感じる。

欲をバネにした活性化は、遅かれ早かれ必ず弊害を生じる。また、身分が保障されているから、あるいは、自分の得になるわけじゃないからと、積極的に仕事に取り組もうとしない者が増えれば、やがて全体も行き詰まるのは自明だ。

結局、企業や働く者のモラルの問題を抜きにできないのではないか。

ビジネスを単に金もうけの手段と見なしたり、生活の糧《かて》を得るために働くといった自己中心的な考え方だけでは解決しないということである。

働くことは、自分のためだけでなく、世のため、人のためにもなるんだという自覚こそが、誇りや節度を生み、まっとうな意欲につながる。

そうは言っても、生き残りのためにはなりふり構わぬ風潮が強まる中では、聞く耳を持たないというのが大方のところかもしれない。しかし、そのことに気付かなければ、いずれ必ず、企業も人も立ちゆかなくなることは明らかである。それはビジネスの世界だけの話ではない。既に私たちの身の周りでも進行している、自己中心的な生き方が、家庭や社会にさまざまな難渋を生み出しているのである。

迂遠《うえん》なようであっても、たすけ合いに勝る原理はないことを訴え続ける以外にないと思う。

（立教168年10月23日号）

もしも月が無かったら

昨年は台風が多発、日本列島は初夏から晩秋に至るまで次々と襲来する台風に悩まされた。今年はカリブ海でハリケーンが多発、その勢力も例年になく強いという。すっかりお馴染《なじ》みになったカトリーナやリタは、米国南部、特にニューオーリンズに甚大な被害をもたらした。その被災者の多くが貧しい黒人だったことから、はしなくも超大国アメリカの暗部を垣間見ることにもなった。

台風もハリケーンも共に熱帯性低気圧で、その相違は発生する地域の違いだけだという。近年それらが多発し、しかも勢力が強いのは、発生海域の海水温が高めなことが一因で、背景には地球の温暖化があるといわれる。

それが本当なら、一層温暖化が進むと、ますます台風やハリケーンが多発し、年中、防災や復旧に明け暮れることになるのだろうか。

火と水のバランスの僅《わず》かな変化が、災害の頻発を招くというメカニズムの不思議。

暴風、火と水の調和で思い出したのは、先ごろ閉幕した愛・地球博へ行った知人の話だ。たまたま入ったパビリオンで、「もしも月が無かったら、地球の自転が速くなり、一日は八時間。潮の干満も四季もなく、秒速数十メートルの暴風が吹き、背の低い植物しか育たない」といった映像ショーを観たという。

その話に触発されて、カミンズ著『もしも月がなかったら』を読んでみた。それというのも、本教では親神様を月日とも称《とな》え、また、をもたりのみことと共に、一切のご守護の根本である、くにとこたちのみことの守護の理の説き分けに、「天にては月」と教えられているからである。

かんろだいを囲んでのつとめにおいて、相対するつとめ人衆に対応する守護の理は、互いに対《つい》を成し、二つ一つの相補的な関係にある。

その意味では、くにとこたちのみこと、をもたりのみことの対は、天にては月と日、人間身の内では水気と温《ぬく》み、世界では水と火の対ともなり、さらに言えば、父親と母親、天と地といった対比にも続く。

しかし筆者は、この月と日の対がいかにも不釣り合いで、地上の現象を決定的に支配し、すべての生物のエネルギーの源である太陽と比べると、月はあまりにも小さな存在ではないかと感じていたのである。

夜の月明かりや潮の干満、ひと月という暦の単位の元などと、月が太陽に次いで人間生活にかかわりの深い天体だとは承知しているつもりだった。

しかし、上記の書を読んで思い知らされたのは、もしも月が無かったら、今日の地球、人類の姿はあり得ないということだ。たとえ生命が誕生したとしても、その進化は遅く、常時猛烈な風が吹く上に、地球の自転軸が安定しないことから、例えば北極が赤道になったり、南極と逆転したりして気候の大変動が起こるというのだから、動植物の様相は全く違ったものにならざるを得ない。

実に、月があるからこそ、現在のような安定した、穏やかな地球環境が可能になったということだ。あらゆるエネルギーの源である太陽と、地球環境の安定に不可欠な月、即《すなわ》ち、天体としての日と月の間にも、二つ一つの働きが成り立っているということである。

（立教168年12月18日号）

これからが成人の正念場

教祖百二十年祭まで一カ月余り、年祭活動も大詰めに差し掛かった。

親里では、帰参者の受け入れをはじめとする諸準備も仕上げ、点検の段階を迎え、また、国内外の教会や伝道庁などでは、おぢば帰りの計画が着々と進められていることだろう。

そうした年祭当日、さらには年祭の年の催事や受け入れ、帰参準備が急がれるのは言うまでもないことだが、同時に、あるいはそれ以上に忘れてならないのは、をやの思いに近づく努力の持続である。

『稿本天理教教祖伝』第十章「扉ひらいて」は、明治二十年一月一日（陰暦十二月八日）、教祖が風呂場からお出になる時、「ふとよろめかれた」という記述に始まる。それ以後、現身《うつしみ》をおかくしになる陰暦正月二十六日（二月十八日）に至るまでの四十九日間のお屋敷の様子が記されている。

かねてお急《せ》き込みのつとめを手控えていたのが間違いだったと、当初、夜間ひそかにつとめることに始まり、教祖のお身上を通しての重ね重ねのお仕込みに導かれて、ついには、わが身どうなってもの覚悟の下、思召《おぼしめし》に沿い切って、白昼堂々とつとめに掛かられるまでの、お側《そば》の方々の成人の軌跡が、つぶさに述べられている。

そこからは、厳しくも懇《ねんご》ろなお諭しを頂いて、次第にをやの思いに近づきつつも、その日に至るまで、をやの思いに沿い切る、いわば成人の飛躍をなし得なかった切々たる状況が伝わってくるのである。

その元一日に思いを返す時、これからの一カ月余が、思召にお応《こた》えする私たちの成人の正念場と言えるのではないかと思える。

この三年間、お道の情報発信基地であるとともに教内の情報が集まる部署でもある道友社に勤める者として、年祭活動の旬にふさわしい不思議なおたすけの話題に数々接してきた。

それは裏を返すと、この旬に、厳しいふしを見せられた人が少なくないということでもある。

そのふしを重く受け止め、仕切ってつとめるところに頂戴《ちょうだい》したご守護の数々だということである。教祖がご自身のお身上を通してまで、お側の人々の成人を促された年祭の元一日に照らして言うならば、私たち自身や周辺に、この旬ならではのふしを見せて成人を促されることは、当然あってしかるべきかと思う。

身辺に見せられるふしぶしに、そうしてまでも成人を急き込まれるをやの思いをしっかりと受け止め、必ずしも願い通りの不思議なご守護は頂けなくとも、後々頼もしい芽を吹くことのできる成人の実《じつ》をもってお応えせねばと思う。

来年一月二十六日から逆算しての四十九日目は十二月九日。この号の日付十二月十八日は、それから十日目になる。

『稿本天理教教祖伝』第十章に、相当するころの記述を尋ねると、教祖のご気分がすぐれないことから神意を伺ったところ、厳しいお言葉があり、驚いた一同が夜を徹して談じ合われた様子が記されている。そして、これがいわゆる教祖枕辺での問答、親と子の緊迫したやりとりへと続いていく。

当時はまだ、陰暦で正月を祝っていたと推察される。暮れも正月もなく、ひたすらに教祖のお身上快癒を願って、お言葉に耳を傾け、互いに心を練り合われた先人たちの足跡に、百二十年祭

立教168年（2005年）

に向かう私たちの成人の歩みを重ね合わせ、一層気持ちを引き締めて、一日一日を大切に通らせていただきたいと思う。

立教一六九年

（二〇〇六年）

普遍的な『諭達第二号』の精神

（立教169年1月29日号）

教祖百二十年祭執行に先立つこと三年三カ月、『諭達第二号』が発布され、これを指針として全教が年祭活動に励んできた。

をやの思いに近づく成人のスローガンとして、〝人をたすける心の涵養《かんよう》と実践〟が掲げられ、具体的には、にをいがけ、おたすけの実践、それも、全ようぼくが心掛けるよう呼び掛けられた。

「にをいがけ」について言えば、従来からの方法に加え、誰《だれ》でもできるということから、チラシの積極的な利用、それも単なるポスティングからワークショップ形式を採り入れた発展型までと、新しい取り組みが広がった。

「おたすけ」については、やはり、おさづけの取り次ぎということになるが、月次祭後に取り次ぐ教会が増えたことが特筆される。祭典後のおさづけの取り次ぎに限らず、この三年千日、不思議なご守護の話をよく耳にすると実感してきた。旬の理を重く受けてのつとめに頂いた賜物《たまもの》と言うべきだろう。

いずれにせよ、『諭達』で「いかに文明が進歩しようとも、病む人は絶えず、悩みの種は尽きない」と示された現実は年祭後も続く。

医療技術の進歩には目覚ましいものがあるが、病気も病人も減る様子はない。総医療費は減るどころかウナギ上りである。

「医者の手余りを救《たす》けるが台」（おさしづ　明治26年10月17日）とお諭しいただいているが、人の命に限りがある以上、医者の手余りが無くなることはない。

また、治療の術《すべ》が無いという意味での手余りだけでなく、保険財政の赤字増大から来る診療費の負担増や入院日数の制限で病院にかかりにくくなる、あるいは、寿命は延びたが高齢化のもたらす諸問題といった手余りもある。

医薬の進歩だけでは、決して問題は解決しないのである。

悩みの種と言えば、それを象徴するのが一向に減らない自殺者だ。一九九八年に、それまで二万五千人以下だった自殺者が急増、三万人を突破し、以来三万人を超える水準が続いている。さらに、未遂者がその十倍あるといわれる。決して人ごとではない。

また、死にたいと思うほど苦しんでも、実行には至らない人が、その何十倍も居ることだろう。

しかも痛ましいのは、自殺した人の七割が家族にさえ相談していないことである。家族の絆《きずな》の弱まりを感じるとともに、家庭内に問題があることも少なくないと察せられる。

以前、「いのちの電話」の相談員が、「自殺した人の多くは、たった一人でも心の内を打ち明けられる人が居たら、死なずに済んだと思う」と語るのを聞いたことがある。

何もそういった深刻なケースに限らず、私たちの周りには、人知れず悩み、苦しんでいる人が大勢居る。心ひそかにたすけの手を待っていると言っていいだろう。おたすけの眼差《まなざ》しで周囲に心を配り、思い当たることがあれば、親身の声掛けに努めたいものである。また、「あの人なら分かってくれるのでは」「相談してみよう」と思ってもらえるような、「良きにをい」を湛《たた》えていたいものだと思う。

このように『諭達』のほんの一節を取り上げても分かるように、その中で述べられているのは普遍的な内容である。年祭後はもう『諭達第二号』が唱えられることはないだろうが、その精神は、これからも大いに発揮されるべきだと思う。

（立教169年3月19日号）

少子化と人口爆発

昨年、日本の人口が統計開始以来初めて自然減に転じた。最大の要因は出生数の低下、つまり歯止めのかからない少子化にある。少子化は経済の縮小を招くとか、年金など高齢者を支える現役世代の負担を大きくするなどと先行きを懸念する声が聞かれ、政府も少子化対策に乗り出そうとしている。

一人の女性が生涯に産む子どもの平均数「合計特殊出生率」は、戦後四・五四あったのが、昨年は一・二六まで低下した。これは人口維持に必要な出生率二・〇七をかなり下回る数字である。このまま推移すれば、二〇五〇年の日本の人口は一億人に減少、しかも高齢化率が三五・七パーセントになるとか。

しかし、世界に目を転じれば、人口減よりも人口爆発の方がはるかに深刻な問題である。一九〇〇年には十六億人だった世界の人口が、二〇〇〇年には六十億人と、実に四倍に膨れ上がっている。国連の予測では二〇五〇年には九十三億人に達するという。地球の定員は八十億人が限度という説からすれば、既に危険域に入りつつあると言える。

少子化は日本だけでなく先進諸国共通の現象だが、逆に開発途上国では、従来の多産多死から多産少死型社会への移行に伴う人口の急激な増加が進行しているのである。

これは、一九〇〇年の日本の人口が四千四百万人弱だったことからも分かるように、先進諸国では既に人口爆発の時期を過ぎ、少産少死の段階にあるということだ。

このように世界的、長期的な観点に立てば、少子化は必ずしも憂うべき事態とは言えない。急激な人口増への反動、あるいは、調整局面という側面もある。

むしろ、途上国の人口爆発がいつ収まるかの方が大問題だ。先進国の例から言えば、途上国の人々の生活水準が相当レベルまで向上しないことにはやまないのではと思われる。そして、それは間違いなく食糧、エネルギー、資源、環境と、あらゆる面で地球を危機的状況に陥《おとしい》れる。

◇

日本について言えば、国内で養える人口は六千万人程度ということだが、資源や食糧を外国から輸入し、海外に市場を開拓することによって一億二千万余の人口を抱えることが可能になった。それはかなり過密な社会だということでもある。

少子化による人口減がどこまでも進むとは考えにくい。いずれ底を打ち、出生率も回復に向かうのではないか。

当分続くであろう人口の減少と高齢化は、確かに経済の規模を縮小し、その活力を減ずるかもしれないが、元気な老人たちがそれぞれに能力に応じて働く成熟した社会も悪くないと思う。

むしろ気になるのは、若い層に年金の掛け金を納めない人が増えていることだ。その背景には、制度への不信感や世代間の不公平感がある。赤字国債に典型的なツケ回し体質もあろう。そんな中で「我さえ良くば今さえ良くば」の風潮は強まっているように思える。

出生数減少の理由についての調査によると、子育てを経済的に、あるいは心理的、肉体的に負担に感じるからという回答が上位を占める。さらには、シングル志向や子どもは欲しくないという理由も少なからずある。

教祖は神人和楽の陽気ぐらしを親子の団欒《だんらん》に寄せてお教えくださったが、その人間の団欒自体が成り立ちにくくなっている状況に危惧《きぐ》を覚える。

こうした傾向を神意に逆行するものとして嘆くよりも、だからこそ私たちがしっかりしなければということだろう。


（立教169年5月21日号）

エアコンが体質を変える？

長く厳しい寒さがようやく去ったと思ったら、連休明けにはもう六月、七月並みの暑い日が続いた。冬と夏の間が短くて、暖房の季節が終わるや否や冷房を使い始める感じだ。

異常気象気味でもあろうが、現代人の感覚もおかしくなっているのではないか。

そういえば、近年、体温調節ができない子どもが増えているという。人体には、暑い時には汗をかいて体温を下げ、寒ければ鳥肌が立って熱を逃がさないようにするといった、体温を一定に保つ仕組みが備わっている。しかし、冷暖房の生活に慣れてしまうと、そうした機能が衰えるらしい。だから、炎天下で運動すると、たちまち熱射病で倒れることになる。

こうしたことは子どもだけの話ではない。人工透析を受けている人が十年前の二倍以上に増えたそうだが、その一因が冷房の普及にあると聞いて驚いた。汗をかくことで腎機能の一部がカバーされているのに、汗をかかなくなると腎臓の負担が増すからだという。

日本の夏は高温多湿なだけに、いまやエアコンは必需品と言ってよい。しかし、人間がつくり出したその快適な環境が、人体の精妙な働きを狂わせかねないとなると由々《ゆゆ》しき問題だ。そして、おそらくその影響は身体《からだ》にとどまるものではないだろう。至れり尽くせりの何不自由ない生活は、体質だけでなく精神面にも影響を及ぼさずにはいまい。例えば、困難に耐える精神力や状況の変化に対応する力を弱めるのではないかという気がする。

子どもの場合だと、恵まれ過ぎた環境の中で育つことが、何か思い通りにならないことがあると、すぐパニックに陥ったり、キレてしまう自己中心的な子どもを増やすことにつながっていると言えそうだ。

冷房に限ったことではない。文明の利器に囲まれた現代人の生活では、これに類する状況は至るところにある。

しかも、より便利に、快適に、安楽にと、技術の進歩はとどまるところを知らない。それら、止めどなく増殖する文明の産物は、ガン細胞の増殖がその宿主である人の命を奪ってしまうように、人体のみならず、生命の母体である自然環境を損ない、人類の未来を閉ざしかねないと言っても過言ではない。

なにも文明の進歩に背を向けよと言っているのではない。文明もまた、知恵の仕込み、文字の仕込みの産物であり、陽気ぐらし世界実現の要件の一つに相違ない。そして、その進歩が必然である以上、天理教の信仰者としては、流れの中に身を置きつつも翻弄《ほんろう》されることなく、善用、すなわち陽気ぐらしの実現に資する用い方を目指す一方、技術の限界や害をも弁《わきま》え、願わくは進歩の方向をコントロールできるような働き掛けに努めたいと思う。

こうした時代だからこそなお一層、親神様の十全なるご守護あっての人間であり、文明であることを自覚し、大いなるご守護に御礼申し上げるとともに、常に慎みの心を忘れず、行いにも表し、また周囲にも映してゆきたいものである。

家庭が安らぎの場であるには

（立教169年7月16日号）

奈良県田原本町で起こった放火殺人事件には少なからずショックを受けた。十六歳の少年が自宅に火をつけ、母と弟妹を死なせるという悲惨な事件である。

しかし、その動機や背景が次第に明らかになるにつれ、これは決して特異な事例でないという思いがしてきた。

小学校時代には勉強は抜群、運動もできたという理想の生徒も、医学部を目指して進んだ有名進学校では、親の期待ほどには成績が上がらず悩んでいたという。

しかし、医師志望に限らず誰《だれ》だって希望と現実のギャップに葛藤《かっとう》するものだし、ある意味それは人生どこまでもついて回るものと言える。

努力しつつも、一度ならず挫折を味わい、次第に落ち着く所を見つけていくものだ。

信じ難《がた》いのは、自ら医師である父親が、成績のことで息子にしばしば暴力を振るっていたという話だ。

加えて、伝えられる家庭の事情を併せ考えると、少年にとってわが家が心安らぐ場でなかったというのもうなずける。

特異な事例と思えないと書いたが、例えば子どもがテストで悪い点数を取ってきたとき、見とがめた母親がガミガミ言う程度のことはよくある。子どもも、それなりに耐性を身に付けよう。しかし、それが執拗《しつよう》だったり、暴力を伴うものだったりしたら、どうだろう。ついには追い詰められて暴発したり、死んでしまいたいと思ったりしても不思議ではない。中には自分の殻に閉じこもってしまう子もあるだろう。

なにも勉強ばかりではない。学校でいじめられたとき、失敗したとき、家へ帰って親や兄弟と話をしたり、食事をしたりしているうちにすっかり忘れて、翌朝また元気に学校へ行くといった経験は、大抵の人が持っているのではないかと思う。

そうした安らぎの場、癒《い》やしの場であることも、家庭の重要な基本的役割である。そして、家庭がその役割を十分に果たせるか否かは、親のあり方、中でも夫婦のあり方にかかっていると言ってもよい。

昨今、家族間の殺傷事件を耳にすることが増えたように思う。そのほとんどに、もっと言えば、青少年問題をはじめ、さまざまな社会問題の背景に、夫婦のあり方のゆがみを感じさせられることが多い。

「たすけ給《たま》え」と繰り返し乞《こ》い願う人間に、「天地抱き合わせの理を象《かたど》った夫婦の一手一つの働きが、陽気ぐらし世界に向けての人間創造の出発点」だと教示される所以《ゆえん》でもあろう。
今一つ、先の事件に関して湧《わ》いた素朴な疑問は、「なぜ、そうまでして医者になりたいのか」だ。何人かに聞くと、「高収入」「ステータスが高い」「かっこいい」といった答えが返ってきた。もちろん「病む人をたすけてあげたい」という高邁《こうまい》な動機から医師を志す人も少なくないと思うが、世間の目は冷《さ》めている。
生身の人間を相手にし、時には命をも左右する職業だけに、利己的な動機からであってほしくないし、そこに至る過程もまた、非人間的なものであってはならないと思う。
ようぼくの使命は人をたすけることにあるが、それは、
たすけでもあしきなをするまてやない　めづらしたすけをもているから
（おふでさき　十七号52）
と仰せになる究極のたすけに続くものである。この「めづらしたすけ」は自己中心的な心遣い（ほこり）を一掃したところに達せられるともお示しくださっている。

異文化の壁を超える

（立教169年9月17日号）

『すきっと』第八号の企画で、異文化コミュニケーション論を専門とする帝塚山学院大学教授のジェフ・バーグランド氏と対談した。

氏は大の日本びいきで、大学卒業以来三十数年、京都に住み、ある意味では大抵の日本人よりも日本的なアメリカ人だ。

その半端でないことは、例えば、『NOといえる日本』（盛田昭夫・石原慎太郎著）の「曖昧《あいまい》な日本は国際的に通用しない、YESとNOをはっきりすべきだ」という主張に対し、「私は逆に、世界中で日本と同じような曖昧なコミュニケーションが多くなればなるほど、人間同士のひどい摩擦、紛争、戦争が減るのではないかと思います」（『日本から文化力』）と述べていることにも窺《うかが》える。

曖昧な表現は、人間同士のぶつかり合いを避けるクッションの役割を果たしているというのである。

そう言えば、三十余年前、筆者が初めて渡米した折、アメリカでは、交通事故を起こしたとき、たとえ自分に過失があっても謝らない、むしろまくし立てるといったことを聞かされた。また、日本では謙譲の美徳などと言うが、アメリカでは相手にされない、強く自己主張しなければ、という助言もあった。

海に囲まれた狭い国土に、ほぼ均質な民族がひしめき合って暮らす日本。農業を基本とする流動性の少ない地縁、血縁に結ばれた共同体を形成してきただけに、摩擦や衝突を避けるコミュニケーションの様式が高度に発達した。

一方、アメリカのような広い国土に多様な民族が移住、共存し、しかも流動性の高い国では、あまり周囲を気にしない個人主義的で自己主張の強い生き方が当たり前になるということだ。

つまりは文化の違いなのである。そうした背景の相違を無視して、日本では、アメリカでは、と言い合ってみても実りある議論にはならない。

しかし、むしろ今日では、日米の文化の相違よりも、氏が「現在のような日本なら、ずっと住みたいと思わなかっただろう」と言う日本社会の変貌《へんぼう》ぶりのほうが問題かもしれない。

戦後、特に高度経済成長以降、周囲への気遣い、控えめ、勤勉、無宗教だが宗教的といった伝統的な気質が急速に失われ、個人主義的、即物的、享楽的な傾向が強まっている。つまり、地理的な隔たりによる文化の相違よりも、世代間のギャップのような時間的隔たりによる相違のほうが大きくなってきているということだ。これも広い意味で異文化的と言うことができよう。

さらに、性別、職業や宗教の違い、障害の有無などと異文化的要素を挙げていくと、果たして相互の理解は可能かといった疑問さえ湧《わ》いてくる。しかし、異文化の壁に分かり合うことを断念するのではなく、まずは自分の尺度を留保して相手の話に耳を傾け、その背景に思いを巡らせてみることだ。

もっと大切なことは、表面上の相違の奥にある、人間としての本質的な共通性を信じることである。

その意味では、人間存在の本質に根差す、国境や時間を超えた拠《よ》り所《どころ》こそが、変転極まりない混沌《こんとん》を開き得るのではないかと思う。それは近代合理主義の行き詰まりを打開するものとして、宗教に期待が寄せられる所以《ゆえん》でもあろう。

しかし、もちろん、どんな宗教でもよいというわけにはいかない。時空を超える普遍性と、民族や文化、さらには宗派の相違さえも超えて全人類を包み込み、抱きかかえる真実の親の教えによるのでなければならない。

日々の信仰実践の発露

（立教169年10月22日号）

先日、アーミッシュの村で起きた銃乱射事件は、アメリカ中に少なからぬ衝撃を与えたようだ。事件自体は、この二カ月間に二十数件の学校内での銃撃事件があったというアメリカでは特異なことではないが、その犠牲になった少女（十三歳）が、年下の子どもを助けようと、「自分を先に撃って」と犯人に申し出ていたことが生存者の証言で分かったからである。

アーミッシュの平和主義は徹底したもので、訴訟を起こさず、兵役を忌避《きひ》したりするだけでなく、殺すよりは殺されることを選ぶとさえ言われる。

平常は共同体の中で農業を基本とする穏やかで質素な生活を営んでいる人たちが、惨事をきっかけに、単に文明に背を向けているだけではない、その奥に強い信仰信念を持つ集団だと再認識された形だ。

形式に流れた教会の権威を否定し、教会の建物や専任の牧師も持たず、日常生活の中で教えを厳格に実践するという宗派だけに、厳しい迫害も受けたようである。

積極的に伝道せず、閉鎖的とも言える集団だが、小さいながらも確かな存在感を持っていると感じる。

少女の行動も、そうした生き方の中からほとばしり出たものだろう。その行為は確かに勇気あるものに違いないが、国のために戦う勇敢な兵士のそれとも違う。もっと静かな凛《りん》としたものを感じさせる。

全米を驚かせた少女の行為は、犯人（犯行後、自殺）の家族に赦《ゆる》しのメッセージを伝え、少女たちの葬儀に招きさえしたという村人たちの行動にも続いている。

アメリカでは、市民の権利として銃を所持することが認められ、その総数は人口に匹敵するといわれる。しかし、その身を守る筈《はず》の銃が、年間一万件以上の殺人事件を引き起こしているのも事実だ。

その「やられたら、やり返す」、あるいは、「やられる前にやる」といった風潮さえ感じられる社会では、アーミッシュの徹底した非暴力、そして、非道な犯罪に怒りをぶつけるどころか、「加害者の家族のために祈る」姿勢は理解し難《がた》いものに違いない。と同時に、元来、宗教的伝統の強い国柄だけに感動と反省をも呼び起こしたようだ。

こうした一連の経緯には、さまざまな考えるべき問題が含まれていると感じる。例えば、「その少女のような極限状況に立たされたら、どう振る舞うか」と問われると、ほとんどの人は沈黙せざるを得まい。また、恨みや復讐《ふくしゅう》の連鎖を断つ「赦し」の問題にも繋《つな》がる。

道の信仰者としては、教えに基づき、教祖のひながたに照らしつつ、心澄まして思案すれば、いかに行動すべきかは見えてくると思う。しかし、もっと大切なことは、答えを用意するのではなく、そんな極限状況ではない日常のあらゆる場面で、日々の実践から自《おの》ずと滲《にじ》み出る信仰者らしい振る舞いができることだろう。

（立教169年12月17日）

品格ある人とは

今年の流行語大賞に「イナバウアー」とともに「品格」が選ばれたという。藤原正彦氏の『国家の品格』が二百万部の大ベストセラーとなり、さまざまな品格論議を呼び起したことが受賞理由とか。

筆者は一昨年三月、『すきっと』第二号の企画で藤原氏と話す機会があったこともあり、遅まきながら『国家の品格』を求め、読んでみた。

大ヒットした理由の一つは、ホリエモンや村上ファンド騒動に象徴されるアメリカ発のグローバリゼーション、市場原理主義を告発する書だからであろう。

氏は市場原理主義は強者の論理であり、弱者への惻隠《そくいん》の情を重んじる武士道の伝統に背《そむ》くものと断じる。

アメリカ一辺倒で、祖国そのものとも言える国語を軽んじ、金銭至上主義に流れる風潮を品格を失った国の姿と嘆くのである。日本の古き良き伝統と祖国愛を訴える氏の姿勢は、ややもすると国粋主義的と見られるが、そうとも言えない。例えば、愛国心について、この語は手垢《てあか》にまみれているから用いないとし、独善的なニュアンスのあるナショナリストと、ギリシャ語の同胞に由来するパトリオットを区別する。また、その当否はともかく、日露戦争、日米戦争はやむを得なかったが、日中戦争は侵略であり、弱い者いじめだとする。

あらためて、品格とは？　と考えてみるが、なかなか説明しにくい語だ。辞書を引いても品位、人品、品性……と類語が並ぶばかりで具体性がない。

しかし、これを逆に「品格がないとは？」と問い直してみると、卑《いや》しい、浅ましい、がめつい、浅はか、無節操など自己中心的で慎みのない姿が思い浮かぶ。翻《ひるがえ》って言えば、品格があるとは、種々あろうが、要は他者への心配りを忘れない、欲望を制御できる人柄といったことになろうか。

しかし、その品格を養うにも、受け継ぐべき伝統の基盤たる社会が激変し、自然が失われつつある現状だ。まして、武士道となると、その核は主君への忠誠であり、一般庶民のものとは言い難《がた》い。

自らを律する心の定規を持たぬまま、目前の利害得失に一喜一憂し、日々の生活に追われるのが大方の姿だろう。

その点、良き信仰を持つお互いは幸いである。何よりも「陽気ぐらし」という人間生活の目標をお聞かせいただいている。

「おふでさき」に、「せかいぢうみな一れつハすみきりて よふきづくめにくらす事なら」（七号109）、「このさきハせかいぢうハ一れつに よろづたがいにたすけするなら」（十二号93）と仰せになっているが、親神様がお望みになる陽気ぐらしの二大要件は、澄み切りとたすけ合いである。

一人一人のレベルで言えば、胸の掃除と人をたすける心ということになる。

考えてみれば、先に品格の要件として挙げた、思いやりと欲望の制御は、いわば人をたすける心と胸の掃除の端緒とも言うべき心得である。

従って、この道を信仰していれば、おのずと品格が備わってきてしかるべきだが、もしそうでないなら、まだまだ成人が足りないということになろう。

立教一七〇年

（二〇〇七年）

規制緩和が安全を脅かす!?

（立教170年3月25日号）

先月、夜行スキーバスが居眠り運転からモノレールの支柱に衝突、一人が死亡、二十六人が重軽傷を負うという事故が大阪であった。四百キロを交代なしで運転していたこと、また、かき入れ時とあって、ほとんど休みがない過密勤務だったことなど、バス会社の無茶な経営ぶりが報じられた。

ひどい話だ、くらいで気にも留めなかったのだが、先日テレビの解説番組で、「規制緩和」との関連を論じているのを見て考えさせられた。つまり、貸し切りバス事業が規制緩和で免許制から許可制になり、新規参入事業者が大幅に増加。その結果、競争が激化し運賃が下がる一方で、どこも経営は苦しく、労働条件も悪化しているというのだ。

規制緩和によって料金が安くなるのは利用者にとって歓迎すべきことだが、その陰で、安全が疎《おろそ》かになっているとすれば由々《ゆゆ》しき問題だ。

競争によるサービスの向上は大いに結構だが、それが安値競争に偏《かたよ》って、結局、最も大切な安全が犠牲になったのでは何もならない。

これは貸し切りバス事業の話だけではない。昨年、次々と明るみに出た耐震偽装問題にも言えることだ。

建築物の検査を民間にも開放したことが要因の一つとなって、鉄筋や鉄骨の量を減らし、建築費を安く抑える一方で、耐震強度を偽《いつわ》った設計を見抜けなかった事例が続出した。

これとても、規制緩和が直接の原因ではない。安くあげたい施主と、仕事が欲しい設計士の欲が、緩和の隙間《すきま》をついた犯罪である。

そもそも規制とは何だろうか。一部の利益のために規制される場合もないではないが、少なくとも民主的な国家では、国民を守るために、その時々に定められたルールのはずである。従って、状況の変化によって当初の意味がなくなれば、改廃されるのは当然だ。

確かに、時代遅れになった規制や、規制のうえにあぐらをかく業者もあるだろう。しかし、ただ緩めるだけだと、無法者につけ入る隙を与えたり、弱肉強食的な状況を生じかねない。規制を緩和するについても、国民を守るという観点に立ったフォローが求められるところである。

こうした思案を巡らすうちに浮かんだのは、「律ありても心定めが第一やで」のお言葉である。法律による規制を云々《うんぬん》する前に、あくまで親神様の思召《おぼしめし》に沿いきる心定めが肝心だということだ。

このお言葉が発せられた状況からすると、やや違和感があるかもしれないが、敢《あ》えて敷衍《ふえん》すると、ようぼくの思案は、「法的規制があるからできない、規制がないからできるといった発想ではなく、あくまで親神様の思召に適《かな》うか否かを基準にすべきだ」ということになろう。

日常生活において法に触れるというような局面は滅多《めった》にない。しかし、たとえ法的には問題にならなくても、親神様の思召に適うか否かという場面はしょっちゅうある。

そしてそれは、たとえ未信の人であろうと妥当する普遍的な尺度であるはずだ。

話を戻すと、その意味で目指すべきは、法的な規制がなくとも親神様の思召に適うような世界、すなわち、誰《だれ》もが私利私欲に走ることなく、何ごとにつけ互いにたすけ合う世の中ということになろう。

（立教170年4月22日号）

中流に明日はない？

近年「格差」の拡大がいわれ、「格差社会」という語が昨年の流行語の上位にランクされさえした。

高度経済成長期以降、「一億総中流」といわれるほどに格差が少ないことが日本社会の特徴とされてきたが、ここへ来て経済のグローバル化を背景に中流層の崩壊が囁《ささや》かれている。

しかし、これは日本に限った話ではないようだ。たとえば『クーリエ・ジャポン』（三月一日号）は「中流に明日はない」という特集の中で、アメリカ、イギリス、ドイツといった、いわゆる先進国に共通の現象として論じている。

そこには企業が人件費の安い発展途上国へ生産拠点を移す一方、国内では正規雇用を減らし、パートや派遣労働を増やしてコストを削減する過程で、中流層の少なからぬ部分が下流へと転落しつつある状況が報告されている。また、正社員といえども、賃金を抑制され、リストラの不安に脅《おび》える厳しい状況に置かれている。

大企業が史上最高収益を計上しているのに、勤労者の賃金水準が下がるという一見、奇妙な現象も日本だけのことではないらしい。逆に、途上国の賃金水準は急速に上昇しているという。要するに経済のグローバル化の中で先進国の勤労者が割を食った形だ。

その結果、国内的には二極化、中流崩壊、勝ち組・負け組といったことがいわれ、富める者が一層豊かになる一方で、収入や身分の不安定な非正規雇用者、さらにはワーキングプア、生活保護世帯といった貧困層の増加が指摘されている。

それも国際競争力を維持するためには、やむを得ないとし、トリクルダウン（上層の富は滴《したた》り落ちて下層をも潤《うるお》す）などと、なおも富の集中を正当化する施策が進められようとしている。

貧富の差はいつの時代にもあったし、諸条件の相違は、個人間のみならず各方面でさまざまな差違をもたらさずにいない。しかし、それも許容限度を超すと、社会不安を高めることにもなる。殊《こと》に、社会を安定させる役割を果たしてきた中流層の崩壊は、倫理観の崩壊や治安の悪化につながりかねない。

◇

お道の信仰者の視点からすれば、たとえそれが能力や努力の産物であったとしても、過度の格差は好ましくないと思えるし、強い立場にある者は弱者の窮状《きゅうじょう》を見過ごすことなく、一れつきょうだいとしての思いやりを持ち、たすけ合いの手を差し伸べてもらいたいと思う。

「おふでさき」では、しばしば高山が谷底をままにするさまを嘆かれ、等しく神の子として兄弟姉妹である人間同士の間に、何か高低《たかひく》があると思っているところに、むほん、戦いの因《もと》があると仰せになっている。

これは権力者、支配層と庶民といったニュアンスの強い対比だが、貧富の格差とも関《かか》わる。

また、高山の専横《せんおう》を抑えるについては、月日、をやが高山に取って代わり、神の思い通りにすると仰せられる。

そのお働きが顕著に現れ出るためには、親神様にお勇みいただけるおつとめの勤修《ごんしゅう》と、この道のなお一層の伸展が求められるところである。

（立教170年6月17日号）

ぬくみと水気の調和の乱れ

人体は平常、一定の体温を保つために、暑くなれば汗をかき、その気化熱によって体温を下げ、寒ければ鳥肌が立つことによって熱の放散を防いだり、震えという一種の運動によって少しでも体温の低下を防いだりする精妙なメカニズムを持っている。

もっとも、それだけでは限度があるから、衣服によって調節したり、さまざまな形で涼を求め、暖を取ったりして、生命を維持し、恒常的に活動することを可能にしている。

それだけに、体調を崩して病院に行くと、まず渡されるのが体温計。大抵の場合、発熱の度合いが病状の目安になるからだ。

実際、二、三度も体温が上がると、だるい、気力が出ないということになる。

先人の教話に、地球を人体に見立てた話があるが、いま地球の温度が急激に上昇しているのは、地球が病みつつある姿と言えるかもしれない。

その温暖化の第一の原因とされているのが、炭酸ガスをはじめとする温室効果ガスの排出である。

地球環境への深刻な影響を抑えるための目安とされる二度以内の気温上昇に留《とど》めるには、二〇五〇年までに炭酸ガスの排出量を半減させる必要があるとされる。そうした指摘を踏まえて、先ごろのサミットでは、安倍首相が目標達成のための枠組み作りを提唱した。

むしろ、問題はこれからと言うべきだが、主要排出国がすべて参加するという原則が合意されたことは何よりだ。

何しろ京都議定書では、最大排出国のアメリカが離脱、削減義務がない中国、インドを合わせると、世界の総排出量の四割を超す国々が参加していなかったからだ。

しかし、いま一つの原則、環境保全と経済発展の両立は、言うは易《やす》く実現は至難の業《わざ》で、それが先の諸国の参加の問題とともに、地球規模の排出を半減するという長期目標を「真剣に検討する」という曖昧《あいまい》な表現に滲《にじ》み出ている。

いずれにせよ、来年の洞爺湖《とうやこ》サミットを前に、美しい言葉だけではない実行力を見せてもらいたいものだ。なにせ日本自身、一九九〇年比六パーセント削減の目標に近づくどころか、二〇〇五年度で八パーセント増と逆行しているのだから。

◇

それにしても、地球温暖化の影響の多くが水を通して現れるということは印象的だ。たとえば、極地の氷が溶けて海水面が上昇し、沿岸部が水没する。水分の蒸発が盛んになり、渇水や砂漠化が進む一方で、集中豪雨が増える。海水温が上昇することで台風やハリケーンが増え、同時に大型化するといった具合である。すでに、その徴《しるし》は現れている。

まさに、火と水、ぬくみと水気のバランスが崩れつつある姿だと感じる。

それは発展の原動力である欲望と、それを制御する理性のバランスが取れなくなっている姿でもあろう。

安倍提言の元である「美しい星50」では、目標達成のための鍵《かぎ》として、省エネ技術の開発、低炭素社会づくりを提言しているが、そうした技術的対応だけでは到底不可能に思える。

「経済成長を阻害しない」という前提に立つ議論には、どうしても限界がある。その前提からは決して出てこない「足るを知る」「慎む」といった考え方や生き方の転換が欠かせないように思う。

これは無いから我慢する、仕方がないから辛抱するということではない。天の恵みに感謝するがゆえに、慎まずにはおれない、これで結構、ありがたいと受けとめる心組みである。

世間離れした話のようだが、それが根本だと思う。そして、そのことを知っているのがお道の信仰者である。自分一人が心掛けても無力だとか、バカバカしいというのではなく、それを実行することが、自らの喜びとなる境地である。

まずは、自らが身の周りから心掛け、積み重ね、さらには周囲へも映し、広げていきたいと思う。

（立教170年8月12日号）

顔が見えない怖さ

土用の丑《うし》の日を前に、中国産の養殖ウナギに、日本では観賞魚用にしか認められていない抗菌剤が使用されていることが問題となった。一時は蒲焼《かばやき》の高騰《こうとう》説も出たが、大したことはなかったようだ。

国際的にも、中国製の医薬品やペットフードに毒性物質が混入していたことが問題化、パナマでは百人もの死者が出たという。

商店やレストランの中には、中国産でないと断り書きをする店もあるほどで、経済成長著しい

「世界の工場」へのやっかみも手伝って、チャイナ・バッシング（中国叩《たた》き）の感さえある。以前から中国産野菜の農薬問題は取り沙汰《ざた》されていたが、その時の擁護《ようご》論に、中国の農村は貧しく農薬を購入する余裕はないというのがあった。元はと言えば、農薬もウナギの抗菌剤も日本の商社が持ち込んだものらしい。

生産者のモラルの低さを嗤《わら》うことは易《やす》いが、その原材料、労働力の安さを求めて、いまだ発展途上の国に殺到した先進国の企業側にも責任があると言えよう。

中国人ジャーナリストの話として「昔ならまがい物を作ったりしたらムラでふくろ叩きになっただろうが、消費者の顔がみえなくなったものだから罪悪感を感じなくなったのが大きい」とある（『アエラ』八月一日号）。

実は、この顔が見えないということこそ現代社会の特徴である。顔見知りの間ではやれるはずのないことを、見知らぬ人に対してならできるというのは、近代化が未熟で、法整備が不十分だからとも言える。

しかし、日本でも先ごろ、牛肉に豚肉を混入するなど、さまざまな偽装をしていた事件が世間を騒がせた。

また、近年、無農薬や減農薬がいわれるようになったのは、従来、農薬を使い過ぎていたことへの反省にほかならない。

私たち自身のことを考えてみても、ゆきずりの人や顔の見えない人たちに、どれだけ心を配っているかとなると甚《はなは》だ心もとない。決して他人事ではない。

◇

自他、ウチとソトを隔てなくというのは、神ならざる身には無理な話だが、その落差が大き過ぎるのは問題だ。

グローバル化の波は否応《いやおう》なしに人々を呑《の》み込んでいくが、実際には経済的な側面に偏《かたよ》りがちで、他国の人々の顔や暮らしぶり、心の内との関《かか》わりとしては、なかなか実感できない。

国家間の垣根が低くなることは、親神様がお望みになる世界一れつの陽気ぐらしのための一つの必要条件であるかとは思う。

しかし、そのグローバル化を進める精神が、我《われ》さえ良くば、自国や自社さえ良くばというのでは、かえって陽気ぐらしに逆行することになりかねない。

モノや金銭の陰に隠れて見えない人たちへの想像力、思いやりが欠かせないと思う。それは全人類の親の視点に近づくことでもある。

それを言葉だけに終わらせないためにも、夫婦、親子をはじめ、身近にいる人たちとの心の絆《きずな》を大切にしなければならない。

難儀はたすけ合いの契機

（立教170年10月7日号）

天理やまと文化会議で、生来の重い身体障害を抱えた娘さんとその両親から話を聴く機会があった。

主にお母さんが話されたが、娘に重度の障害があると知って泣き通した日から今日までの、夫婦、家族で支え合い、共に歩んできた道のりは深く聴く者の心を打った。

娘と共に歩んだ「不思議で楽しいお話」「娘は我が家の太陽」と切り出されたユーモアに満ちた語り口は、今も将来に対する不安を抱えつつも、二十数年、障害と向き合い、多くの人に助けられつつ困難を乗り越えてきた人の余裕さえ感じさせた。

筆者はあらためて、障害を持つ人が不幸なのでなく、その人を不幸にするのも「幸せ」にするのも、周囲の人間の接し方次第だと感じた。

『五体不満足』の著者の、はつらつとした生きざまは人々の感動を呼び、障害は決して可哀想《かわいそう》なことではなく、それも一つの個性だと感じさせるものがある。しかし、それを個性と思わせるのは、本人の資質、努力もさることながら、両親をはじめ、それぞれの段階で出会った多くの人の援助があればこそである。

◇

天理教では、古くから「見るもいんねん、聞くもいんねん。世話取りするは尚《なお》のこと」といわれる。この言葉そのものは「おさしづ」にはないから、むしろ先人の体得した実践教理と見なすべきだろうが、そこには、生起した事柄（特に、世話取りを要するような難儀）を、他人事と見過ごすのではなく、自分にも大なり小なり関係があるとする受けとめ方がある。

つまり、ある人の身の上に起こった事柄を、その人だけの問題とせず、周囲の人々にも、それぞれ濃淡の程度の差こそあれ関《かか》わりがあると考えるのである。

筆者は、このように物事を「関係性」において捉《とら》える観点が、先にふれた身体障害の問題を理解するうえでも必要だと思う。

これとも関連するが、先の話を聞いて気づいたのは、「難儀を見せられるのは、たすけ合いを促すため」ではないかということだ。

親神様がお望みになる陽気ぐらしの具体的なイメージを原典に尋ねると、それは――イ、人々

の心が澄み切り　ロ、皆が互いにたすけ合う姿——と言ってよい。人々から自己中心的なほこりの心が払われるとともに、誰《だれ》もが人をたすける心を持ち、実践している世の中である。「心澄み切れ極楽や」と仰せになっているが、それだけでは足りない。誰も困っている人がいない「極楽」、すなわち、全く苦患のない安楽な世界（『広辞苑』）では、そもそもたすけ合う必要がない。それでは面白くないのである。親神様は等しく神の子である人間たちが、互いにたすけ合う姿こそを楽しみ、喜ばれるのではないかと思う。

難儀は、関係性の観点からすれば、当人をはじめ関わりある者に、心通りの守護の現れとして見せられるとともに、特に周囲の者には、たすけ心を培い、発揮する機会として与えられていると受けとめるべきではないだろうか。

難儀は単に困った状態ではなく、それを契機にたすけ合うことで、陽気ぐらしへ近づく手がかりにできるということだ。

時代超える真実を提示

（立教170年12月2日号）

『すきっと』第十号の企画で対談した石藏文信《いしくらふみのぶ》氏は、不定愁訴《ふていしゅうそ》や不安障害などに悩む中高年男性のために「男性更年期外来」を立ち上げ、治療に当たっているユニークな医師である。

氏の発言の中に「六十過ぎの方でちょっと体調の悪い方に、お仕事に行きなさいよ、人のお助けをしに行きなさいよとよく言うんです。自分が病気でも、もっと体調の悪い人を世話してあげようという気持ちが出ると、どんどん健康になっていく」という一節がある。医者としての体験を通しての実感なのであろう。

筆者は「天理教では、人をたすけて我《わ》が身たすかると教えられています」と応じたが、石藏氏の言は、「人をたすけて我が身たすかる」という教えの、広く深い含蓄《がんちく》の一端を示す例のように思う。

同様の感想を、先ごろ構造主義の入門書（内田樹《たつる》著『寝ながら学べる構造主義』）を読んだときにも持った。それは、人間が他者と共生してゆくためには、時代と場所を問わず、あらゆる集団に妥当するルールとして、「私たちが欲するものは、まず他者に与えなければならない」という記述に出合ったときのことである。

これはレヴィ＝ストロースの構造人類学上の知見に基づく論だが、同書は続いて、現代人は、モノを手に入れる一番合理的な方法は、自分で独占して誰《だれ》にも与えないことだと思っているが、人間社会はそういう利己的な生き方を許容しない、とも述べている。このルールを守ることが、これまで存在してきたすべての社会集団に共通する暗黙のルールであり、このルールを守らなかった集団は存続し得なかったとまで言う。

今日の世相からすれば、現実離れした奇妙な言説に聞こえるが、天理教の信仰者なら合点のゆく話だと思う。

この説と先の石藏氏の言葉に共通するのは、「自分のことばかり考えていてもダメだよ」「たすけてほしかったら、人をたすけなさい」ということである。

いずれも、なぜそうなのかには言及しない。それが事実だと言うのみである。

自分がたすけてほしいときに他人の世話どころじゃない、というようなものだが、天理教的に解釈すれば、親神様はたすけ合う世の姿こそをお望みであり、人をたすける心と行いを何よりもお受け取りになるからだということになろう。

また、それとも関連するが、自己中心的な心遣いを「ほこり」として戒めてもおられる。これは自己中心的な生き方、言い換えると「ほこり」にまみれた生き方をしていると、必ず行き詰まることや、そうした行き詰まり（身上・事情に見せられるふし）から脱却するには、心のほこりを払い、その対極である人をたすける心に転換すべしという話に続く。「病人が人の世話をすると健康になっていく」という、それだけでは一般化しにくい経験則も、なぜそうなるかが分かれば、一挙にその広がりが増し、奥行きが深くなるのである。

先の秋季大祭のお言葉に「教祖の教えは古びるどころか、今日一層その意義を増すとともに、現在の社会の抱える諸問題を乗り越え、人類の未来を開く手がかりを提示している」とあったが、「人をたすけて我が身たすかる」の教えにも、その含蓄の深さ、時代を超える真実性を感じずにおれない。

立教一七一年

（二〇〇八年）

タテ糸をヨコ糸で補完、活性化

（立教171年2月3日号）

昨年二月の「布教部・道友社合同決起大会」以来、『天理時報』の手配り活動は一気に広がりを見せ、いまや手配り率は発送分の二〇パーセントを超えようとしている（一月末現在）。

この活動は、同じ地域に住むようぼくが、所属する教会・系統を超えて手をつなぎ、励まし合い、たすけ合う「ようぼくネットワーク」を構築するための、いわば下地づくりを担うものである。

その背景には、昭和三十年代の高度経済成長期以降の人口の流動化がある。それに伴って、教会に所属するようぼく・信者も、教会の周辺から各地へ移動し、今日では居住する支部内に所属教会がないようぼくが少なくない。

かつては、おつとめに、ひのきしんにと、何かにつけ教会へ足を運び、会長や信者仲間と言葉を交わし、成人の糧《かて》、勇みの種を得ることができたのに、教会から遠く離れて暮らすとなると、日参はおろか月に一度の参拝さえ難しいということにもなる。それはまた、教会からの丹精の手が届きにくくなることでもある。

こうして信仰的に孤立し、年限とともに信心の熱も冷めてくると、ついにはせっかく手にした

〝たすけの綱〟を手放すことにもなりかねない。そうした孤立しがちなようぼくにとって、日常的にお道の情報にふれ、信仰の火を絶やさないために欠かせないのが『天理時報』である。まずは、時報の読者同士が顔見知りになるきっかけにと始められたのが手配り活動である。

手配りが広がる中で、予想を超えたさまざまな嬉《うれ》しい話に接するようになった。

たとえば、ある手配りひのきしん者は手配り先の確認のため訪れた読者宅で開口一番「時報？教会から勝手に送ってくるんや。読んだことない」と言われて、驚きながらも「まあ、そう言わず一度目を通してください。面白《おもしろ》いことがたくさん載《の》っていますよ」と話し、手配りについても、その趣旨を説明したところ、「分かりました。この近所で時報を購読している人は皆知っている人だから、私も手配りに参加させてもらいましょう」と態度を一変されたという投書があった。

また、未信仰の家へ嫁いだ人の子どもが、手配りで知り合った近くの教会の鼓笛隊に入り、「こどもおぢばがえり」のパレードに出演する。さらに、舅《しゅうと》や姑《しゅうとめ》がその姿を見たいとおぢばへ帰り、実家の両親ともおぢばで顔を合わせるといった喜びの声も寄せられた。

ほかにも、教会から遠く離れて暮らすうちに、教会やおぢばから足が遠のいていた時報の読者が、手配りを通して地域の教友に出会い、励まされて、「全教一斉ひのきしんデー」に参加したり、教会へ、おぢばへ運んだりするようになったという類《たぐい》の話をしばしば聞く。

まさに、時報が辛うじてつないでいた信仰のタテ糸が、地域の教友の励ましというヨコ糸によって補完され、活性化された例と言えよう。

このタテとヨコの連携は、まず手配りひのきしん者のネットワークを形作り、次いで、読者のネットワークへと発展してゆくものと期待される。

それはまた、いまだ時報を読んでいないようぼく・信者の人たちに時報を勧め、届ける活動を広めるならば、手配り活動と相まって、そこにより大きな〝ようぼくネットワーク〟が生まれ、その中でようぼくが本来の輝きを取り戻し、活性化するだろうことを示唆している。

そうした思いから、布教部と道友社は、手配りひのきしんの推進に続いて、目下、直属教会における「天理時報普及活用促進講習会」の開催を呼びかけている。全ようぼくに時報が届いてこそ、ようぼくネットワークは強化され、実《じつ》あるものとなるからである。

（立教171年3月30日号）

分断された人々の貧困

かつての右肩上がりの経済成長は遠い昔の話となり、バブル崩壊に続く経済のグローバル化によって、企業経営は厳しい試練に直面してきた。その中で、自由な市場での競争を促すべく、さまざまな規制緩和が進められてきた。

自由な競争は、力のある者にとっては大いに力を発揮するチャンスだが、弱者をしばしば苛酷《かこく》な状況に追い込むことにもなる。

そうした状況下で、二極化、格差社会、勝ち組・負け組などと社会的格差の拡大が指摘されるようになって久しい。

その格差拡大の行き着くところと言うべきか、『中央公論』四月号が「いま隣にある貧困」という特集を組んでいる。ついに、身近な問題として「貧困」を正面から取り上げるようになったかという感がする。

その特集の中で、特に印象に残ったのは「分断された人々をどう救うか」という岩田正美・日本女子大教授の論稿だ。これには、「家族と企業福祉が壊れた後で」という前書きがついている。

その表題からも窺《うかが》えるように、論者は、現在の貧困は家族の脆弱《ぜいじゃく》化、企業福祉のネットワークから外れる非正社員の増加という環境の中での「分断された希望なき貧困」だとする。

この新しい貧困は、かつての「地域も家族も貧しかったが、みんなで頑張った」といった類《たぐい》の貧しさとは全く違う「独りぼっちの貧困」だというのである。

筆者はかねがね、今日の社会問題の多くに共通する背景として「バラバラ」な世相があると感じてきたが、まさに市場原理主義的な嵐の中で孤立した人間が、何かのつまずきをきっかけに、層としての貧困に陥るという図式が浮かび上がってくる。

その典型がホームレスだろう。しかも従来、ホームレスは五十代、六十代の単身者というイメージだったが、最近では若者が増えているという。

勤労者の三分の一が非正規雇用で、若者に至っては二分の一がパート、派遣、アルバイトといった不安定な就業形態となれば、それも頷《うなず》ける話である。

フリーターと呼ばれる人たちにしても、自ら望んで続けている人は多くない。約七割の人が正社員になることを希望している。

しかし、企業が少数の有能な正社員以外は非正社員で賄《まかな》い、生産拠点を海外に移すといった姿勢を取り続ける限り、事態の改善は望みにくい。

また、そもそも数の限られたイス取りゲームの負け組を「自己責任」の一語で片づけることはできまい。

同じ特集の中の対談「戦後初めて、若者が路上に放り出される時代」には、ソ連崩壊後の超インフレを、ロシア人は相互扶助の精神を発揮して乗り切り、今日の回復につなげたという一節もあったが、それにつけても思うのは「たすけ合い」の大切さである。

このさきハせかいぢううハ一れつに　よろづたがいにたすけするなら　（十二号93）

月日にもその心をばうけとりて　どんなたすけもするとをもゑよ　（十二号94）

と仰せられるように、親神様がお望みになる世の姿、すなわち陽気ぐらしのための最大の要件は「たすけ合い」と言ってよい。もちろん、この「たすけ合い」は相互扶助とは異なる。相互扶助を含み、超えるものと言えようか。

それは、世界中の人間が互いにたすけ合う究極の陽気ぐらしの核心であるとともに、今日の諸問題を克服し、陽気ぐらしへ近づくための原理でもある。

長生きを真に寿《ことほ》げる世に

（立教171年5月25日号）

四月から七十五歳以上の老人を対象とする後期高齢者医療保険制度がスタートした。軽減されるはずの低所得者の保険料負担が増える例や、年金からの保険料天引き、さらには高齢者の医療水準の切り下げへの懸念など、新制度への反発が巻き起こっている。

年寄りは早く死ねと言わんばかりの現代版「姥捨《うば》て山」という痛烈な批判もある。なにゆえ、それほど反発を買う制度を導入するのか。言うまでもなく、増える一方の国民医療費（ただし、国内総生産に対する比率は先進国中、最低レベル）を抑制するためである。

国民医療費の五〇パーセントを六十五歳以上の老人が使っている事実からも分かるように、長期化しがちで、治療しがいのない高齢者に負担を求め、痛みを感じてもらって病院通いを自粛、あるいは我慢してもらおうということだ。

実際、国民一人当たりの年間医療費は約二十五万円だが、それも六十五歳未満では約十五万円なのに対し、六十五歳以上では約六十五万円、七十五歳以上では八十一万円というから、政府の言い分も分からないではない。

しかし、考えてみれば、それは決して驚くようなことではない。若い元気な世代があまり医療を必要とせず、長年使い、遠からず終焉《しゅうえん》を迎える老人の体が医者の世話になりがちなのは当然である。つまり、老人医療費がかさむのは長寿社会の必然なのである。

近年、日本は世界一の長寿国とされてきたが、それは生活水準が上がり、医療が進歩した賜物《たまもの》である。しかし、生活が豊かになった一方で、がん、糖尿病、動脈硬化、高血圧といった生活習慣病（成人病）が増加した。

また、医療技術の飛躍的な進歩は、多くの難病患者に光明をもたらす一方で、医療の高額化を招いている。全患者の一パーセントが全医療費の四分の一を使っていることに象徴される高度医療費の増加が、医療費上昇の要因だという指摘もある。

ともあれ、長寿や医療の進歩といった諸手《もろて》を挙げて歓迎すべき事柄にも、光だけでなく、影の部分が付きまとうということだ。もし姥捨て山的な事態になれば、人としての尊厳を損ねるおぞましい状況にもなりかねない。影の部分を拭《ぬぐ》い去り、進歩を真に喜ばしいものにするには、お道流に言えば、やはり人々の心の成人が欠かせないのである。

日本の医療制度はさまざまな課題を抱えつつも、WHO（世界保健機関）は世界一だと評価している。長寿、幼児死亡率の低さ、利用に際しての平等性、負担の公平性といった面で高い評価を得ている。それを誇りに思い、なんとかその良さを守ってもらいたいものだ。

教祖は「病まず、死なず、弱らず、百十五歳定命《じょうみょう》」と仰せられる。それは人々の心が澄み切り、何につけ互いにたすけ合う陽気ぐらしの世界が実現された暁《あかつき》に享受《きょうじゅ》できる境地である。そこでは医療費はかからず、もちろん軍事費もいらない。

前途遼遠《りょうえん》の感無きにしもあらずだが、その実現を信じ、目指して歩むのが天理教の信仰者の生き方である。まずは自分の周囲から、心のほこりを払い、互いにたすけ合う気運を広める中で、少しずつでも足元から、病気になりにくく、長命で、活気があり、トラブルも少ない世界が確実に広がってゆくのである。

陽気ぐらしは人類の希望

（立教171年7月20日号）

道友社は、先ごろ開催された「東京国際ブックフェア」に昨年に続き出展した。

その二日目に、このほど出版された日本児童文芸家協会会長・川村たかし氏の『風の声　土のうた』の出版記念の集いが催された。

療養中の氏に代わってスピーチに立った長女の優理《ゆり》さんは、著書から「子どものための文学には、希望が描かれるべきだ。なぜなら子どもは未来を生きていくのだから……」の一節を引いて、児童文学は命の尊さを描き記す「祈り」の作業だったと、執筆に懸ける氏の思いを披露された。それに続けて、これは子どもばかりでなく、大人についても言えることではないかと語りかけられた。

その言葉に、ある著名な作家の「今日、希望を語ることは、殆《ほとん》ど宗教的信念を要する」という述懐を思い出した。もう三十数年も前のことだ。

永らく大人の文学は、しばしば絶望や不安、懐疑を描いてきた。それはそれで時代の様相を映すものだが、川村氏はそんなことは承知のうえで、むしろ、だからこそ「子どもには希望を」と訴えるのであろう。

それはまた、大人たちも希望を失ってはならないという優理さんの言葉に続く。

ところで、その希望を失った大人、というよりは、まだまだ未来を生きていくはずの若者の自暴自棄的な暴発の例が、先の東京・秋葉原での無差別殺人ではなかったか。

犯人が派遣労働者という不安定な身分の青年だったことから、社会問題的な取り上げ方をする論調もある。事実、若者の就職環境には依然厳しいものがあり、派遣社員、パート、フリーターなど不安定な雇用状況にある者が半数近くを占めるといわれる。

働きがいのある仕事に就き、結婚し、家庭を持ち……というささやかな夢さえも叶《かな》いそうにないと悲観し、絶望的な気分になったとき、世間を恨《うら》み、幸せそうな人々に憎しみを抱くのは、全く分からないことではない。

しかし、たとえそう感じても、人殺しなどできるものではない。家族の絆《きずな》や友人などの励ましに支えられて、気を取り直すものだ。

その点、犯人に関する報道からは、親兄弟とも疎遠で、親しい友人もなく、ケータイに向かって独白する孤独な日常が窺《うかが》える。

一人でも胸中を打ち明けることのできる人がいたら、あんな事件は起こさなかっただろうにと思う。

その意味では、凶行に走ったりはしない、一人悶々《もんもん》としている、はるかに多くの若者に思いを致すべきだろう。ようぼくとして「あの人に相談してみよう」と思ってもらえるような存在にならねばと思う。

その苦しい胸の内に親身になって耳を傾けるとともに、人間生活の本当の目標は、人々との「陽気ぐらし」であることを伝えたいと思う。

人類の未来さえ危ぶまれる今日、人間は陽気ぐらしをするために創《つく》られた、すなわち人は皆、陽気ぐらしができるはずであり、陽気ぐらしを目指して生きるべきだという言明は実に心強いものである。

それは人類の希望であり、一人ひとりの希望でもある。どんなに困難な状況にあろうとも、この希望があるからこそ、絶望することなく、をやの思いに沿って、一歩一歩陽気ぐらしへの歩みを進めることができるのである。

未病状態を脱するには

（立教171年9月14日号）

近ごろ「未病《みびょう》」という聞き慣れない言葉を耳にする。辞書にも見当たらない語だ。どうやら、「未《いま》だ病気ではないが、近い将来発病する可能性が高い、危なっかしい健康状態」を意味するらしい。発症前に気づき、対策を講じて予防しようということだろう。

今日の日本社会の三大死因はがん、脳卒中、心臓病だといわれている。いずれも「生活習慣病」と呼ばれるものばかりだ。

したがって、これを未然に防ぐには食事や睡眠、運動といった生活習慣を改める以外にない。また、人間関係から来るストレスの解消も必要だろう。

感染症の場合は、未病と呼べるかどうか分からないが、発病する危険性が高いという意味では、劣悪な衛生環境や病原菌に対する抵抗力の弱い体質などが、それに相当すると言えようか。

生活習慣を改めたり、衛生状態を改善したりして未病状態を脱するように努めることは大切だが、それだけでは十分とは言えない。

教祖は、

なに、てもやまいとゆうてさらになし　心ちがいのみちがあるから（三号95）

と仰せになって、病の根本原因は、ほこりの心遣いだとご教示くださった。いわゆる「八つのほこり」は、いずれも自己中心的な心遣いである。

言い換えると、今は元気そうでも、ほこりまみれの自己中心的な生き方をしていたのでは、やがて病気にもなる、すなわち未病ということだ。

また、

ほこりさいすきやかはろた事ならば　あとハめづらしたすけするぞや（三号98）

と、人々の胸からほこりの心遣いが一掃されたなら、病まず、死なず、弱らず、百十五歳定命《じょうみょう》の「めづらしたすけ」をすると仰せになっている。

これは、究極の陽気ぐらし世界が実現した暁《あかつき》の話だが、現在の段階でも、それ相応に味わえるように思う。

実際、百歳にもなろうかという長寿者は、例外なく穏やかで、周りの人を思いやる心を持ち、また周囲からも敬意を払われ、大切にされているように感じる。

逆に言うと、自己中心的な人は、そんなに長生きできないということになるのかもしれない。

発病を防ぐには、生活習慣を改めるだけでなく、より根本的には胸の掃除が必要だと述べたが、もっと重要なことは、心のほこりを払うことによって、病気になりにくいだけでなく、さまざまな事情、トラブルが起きにくくなるということだ。

病気もつらいものだが、夫婦、家族をはじめ身近な人たちとの不和、争いほど惨《みじ》めなものはない。

ほこりという自分中心の心遣いを絶えず振り返り、払い続けることは、健康と円満な家庭の基本なのである。

念のため付け加えると、病気にも「身に障《さわ》りつく神の用向き」といった積極的な神意の表れもある。

要は、病に込められた親心を汲《く》み取り、それに応《こた》えることが肝心である。

（立教171年11月9日号）

欲と競争のシステムの転換を

アメリカの株価暴落に始まる金融危機は世界中に及んで、株価の暴落、企業の倒産を引き起こし、大恐慌の再来かと騒がれている。

その発端となったサブプライムローン（低所得者向け住宅金融）問題は、その訳語の通り、所得の低い人たちが、本来なら買えそうにない価格の住宅を、高利のローンを組んで購入したことから生じた破綻《はたん》である。

それでも、住宅価格が引き続き上昇していれば、購入者がローンの支払いに行き詰まったとしても、住宅を売るなどして損失を抑えることができるし、場合によっては利益を得ることもある。一方、貸したほうも、返済不能で差し押さえた物件を売ることで儲《もう》けることができるという、住宅バブルを利用したきわどい商法だ。

この危険度の高い融資をした銀行としては、それを証券化し、売り払うことで貸し倒れリスクを回避しようとする。しかも、その一見して明らかな危険性を薄めるために、自動車ローンなど他のローンと組み合わせた金融商品として売り出す。

このハイリスクだがハイリターンを期待できる証券が世界中にばら撒《ま》かれ、やがて住宅価格の下落、ローンの焦げつきとともに、一斉にリスクが表面化することになる。

債務返済不能になった低所得者は家を追われ、束《つか》の間の夢の後で一層の貧困に陥る。その一方で、破綻した金融機関の役員が法外な報酬を得ていたうえに、金融危機を救うために公的資金（税金）が投入されるというので、一般国民が猛反発したのは当然だろう。

一九二九年の大恐慌の教訓として、F・ルーズベルト大統領は、銀行が証券業務をすることを禁じたが、ブッシュ政権は市場原理に委《ゆだ》ね、経済の活性化を図るという名目のもと、その規制を撤廃したことも一因のようだ。

ともあれ、いかに唯一の超大国とはいえ、一国の、しかもサブプライムローンといった問題が引き金になって、世界経済を大混乱に陥《おとしい》れるというのは納得のゆかない話だ。住宅需要を喚起するために、言葉巧みに低所得者に住宅購入を働きかけ、その焦げつきそうなローンを証券化してばら撒き、世界中の人々を巻き添えにするような手法が罷《まか》り通るシステム自体に疑問を感じる。

この金融危機を「強欲資本主義の自爆」として、根本原因を「強欲」という心の問題だとする指摘があるのも頷《うなず》ける。

つくづく私欲や競争をバネにした活性化の限界を思う。

今回の経済危機について、ノーベル経済学賞の受賞者ジョセフ・E・スティグリッツ・コロンビア大学教授は「この危機をきっかけに、新自由主義は終わりを迎えなければならないと思う。規制緩和と自由化が経済的効率をもたらすという見解は行き詰まった」として、「新自由主義と市場原理主義は欠陥のある思想である」と述べている（『朝日新聞』十一月三日付）。

せかいぢうみな一れつハすみきりて　よふきづくめにくらす事なら　（七号109）

このさきハせかいぢうう一れつに　よろづたがいにたすけするなら　（十二号93）

と仰せくださるように、親神様がお望みくださる陽気ぐらしのための二大要件は、「心の澄み切り」と「たすけ合い」である。

これはまさに、欲と競争の対極に位置する。また、

よくにきりないどろみづや　こゝろすみきれごくらくや　（みかぐらうた　十下り目四ッ）

のお歌は、裏を返せば、際限ない欲の心が、この世の地獄をつくり出していることをも教えられている。

一朝一夕《いっちょういっせき》にはゆかないが、慎みとたすけ合いを原理とする社会システムの構築が、切に望まれるところだ。

立教一七二年

（二〇〇九年）

陽気ぐらしに逆行する流れ

（立教172年1月11日号）

昨年の世相を表す漢字は「変」だったが、今年はどうだろう。オバマ次期米大統領の「チェンジ」はともかく、「変」で思い浮かぶのは芳《かんば》しくない事例が多い。

四川《しせん》大地震のような天変地異、原油価格の大変動とそれに伴う物価の上昇。ついにはアメリカの巨大投資銀行の破綻《はたん》に始まる株価暴落。それが世界中に及んで、世界恐慌の再来かという声さえある。

日本でも、史上最高益を挙げ続けてきた企業が一転赤字に転落するなど、急激な不況の波に非正規社員の解雇、契約打ち切りといった、いわゆる「派遣切り」の嵐が吹き荒れ、大勢の人が職住を失い、年の瀬を路上で越す重苦しい年明けとなった。

東京や大阪のテント村で炊き出しを受ける姿が報じられたが、テント村や炊き出しで思い出すのは阪神・淡路大震災だ。

考えてみれば、今回の事態は人災と言ってよい。バブル崩壊後の景気低迷の中で、人件費の節減と雇用調整の安全弁として、派遣労働を解禁した時に予測できた事態だからである。以来、派遣労働など非正規社員が急増、全労働者の三分の一強を占めるまでになった。

格差拡大が指摘されながらも緩やかな景気回復が続いている間は、さほど表面化しなかったが、今回の金融危機で、その危うさが一気に噴き出した感がある。

不安定な、安い賃金で働く非正規社員のおかげもあって景気低迷から抜け出し得た側面があるだけに、アメリカ発の金融危機の煽《あお》りで放り出されるのは、いかにも理不尽で気の毒だ。

これは自己責任といった個人の問題ではなく、社会全体の問題である。政府はもちろん、経営サイドも早急に対策を講じるべきだ。また、安心して働ける環境整備も必要だ。

と同時に、あの大震災の時にボランティアが駆けつけ、救援の手を差し伸べたように、一般国民としても何か力になれないものかと思う。

それにしても、つくづく感じるのは、グローバル化、市場原理といった、一見もっともらしい名目のもとで横行するマネーゲームの犯罪性だ。投資銀行破綻のきっかけとなったサブプライムローン問題しかり。また原油価格が四倍以上に跳ね上がったのも、ヘッジファンドの買い占めによるところが大きい。

金儲《もう》けのためには違法スレスレの手法も辞さない集団が巨額の資金を動かし、経済を翻弄《ほんろう》するのは明らかに異常だ。規制緩和の鬼子である。

そうした風潮は日本にも波及し、「金で買えないものはない」とか「儲かる会社が良い会社だ」などとうそぶく経営者群を生み出した。

また、高収益が続き、内部蓄積があるはずの企業までも、景気の悪化を察知するや、直ちに派遣切りに走るのは頷《うなず》けない。

陽気ぐらしの二大要件は「澄み切りとたすけ合い」だと思うが、まさに今回の事態は、それに逆行する流れを象徴するものだ。

「欲に切り無い泥水」と仰せになるように、強欲には際限がない。「心澄み切れ極楽や」とは、逆に言えば、節度を知らぬ欲望が地獄を生み出すということでもある。

また、派遣切りの非情さには、たすけ合いの対極を感じる。

陽気ぐらしに逆行する風潮を嘆くだけでなく、その流れを逆転させ、世界を親神様のお望みになる向きに変えてゆくことが、ようぼくの任務だと肝に銘じたい。

おたすけの出番は随所に

（立教172年3月15日号）

一昨年四月から毎月一回の割合で連載してきたシリーズルポ「里親の現場から」が、近くひと区切りするというので、あらためて読み返してみた。

どのルポにも胸を打たれ、何度も目頭《めがしら》を熱くした。いずれも署名記事だが、若い記者たちがこれだけ感動的な記事を書けるようになったかと、その成長をうれしく思うとともに、やはり取材対象である里親たちの誠真実が、つたない筆を通しても伝わってくるからだろうと思わざるを得ない。

近年、児童虐待、養育放棄、離婚など、さまざまな理由で実の親に育ててもらえない子どもが増加し、児童相談所や既存の施設では対応しきれない状況になっている。

そうした背景のもと、里親制度が見直され、養子縁組を前提とした里親を基本とする従来の枠《わく》組みから、一定期間、親に代わって育てる養育里親に重点を移し、その拡充を図るようになってきた。

その養育里親の一割強を、教会をはじめとする本教関係者が占めているという。

ルポを読み返していまさらのように感じるのは、お道の里親たちは、そうした世の中の変化に伴う社会的な要請や制度の見直しに応じる形で取り組んでいるのではないということだ。

教祖のご逸話にも「人の子を預かって育ててやる程《ほど》の大きなたすけはない」（『稿本天理教教祖伝逸話篇』八六「大きなたすけ」）というお言葉があるが、まさに、教祖のひながたに連なるお道本来のおたすけの伝統が、近年クローズアップされてきた社会的な問題に直面して、持ち前の底力を発揮している姿のように思える。

実際、里親をしているほとんどの教会が、以前から子どもばかりでなく、身寄りのない人、行き場のない人を受け入れ、おたすけしてきた実績を持っている。

事実、どのケースも里親、里子といった制度のレベルを超えたお道ならではの信仰に基づく接し方をしていると、頭の下がる思いがする。

また、だからこそ行政の担当者も信頼を寄せ、難しいケースを託してくるのであろう。

考えてみれば、古くから天理教の教会はどこでも、さまざまな身上・事情の悩みを抱えた人たちが、一時的に、あるいは長期にと、日常的に出入りしていたと言えよう。

高度経済成長期以降、都市部への人口移動が進み、世間では核家族化、マイホーム主義の風潮が広がった。また、医療や福祉の進歩・充実もあってか、会長家族だけの教会が増えた。

しかし昨今では、そのマイホームの崩壊がいわれ、一方、医療や保険制度も危機的状況にある。また、子どもばかりでなく、お年寄りを受け入れる施設も満杯だったり、人手不足だったりと、とても十分とは言いかねる現状だ。

国も自治体も大きな赤字を抱え、行政の手に余る状況が、出産から後期高齢者に至るまであちこちで露呈している。

人と人との心の絆《きずな》が弱まり、かつての地縁や血縁のセーフティネットも当てにできない今日、お道の者のおたすけの出番は随所にあると感じる。

（立教172年5月10日号）

裁判員に選ばれたら

いよいよ裁判員制度がスタートする。

すでに通知が届いている裁判員候補者の胸中は複雑なものがあるだろう。

しかし、一般の関心はというと、司法制度の画期的な改革である割には、低いように感じられる。その最大の理由は、何のための改革かが分かりにくいことではないか。

三権の中で司法だけに民意を反映するシステムがなかったとか、主要先進国の中で司法への市民参加が制度化されていないのは日本だけだなどというが、現行の制度のどこが欠陥で、それがどう改善されるのかとなると、もう一つはっきりしない。

その一方で、法律知識のない一般市民が正しい判断を下せるのか、特に死刑もあり得る重大事件を扱うとされているだけに、不安や戸惑いの声も少なくない。そうした気分を反映してか、裁判員として参加することに消極的な声が八割にもなるという。

改善が期待される点としていくつか挙げられているが、その第一は、裁判の迅速化だろう。まず、裁判官、検察官、弁護士が「公判前整理手続き」により、二週間ほどかけ論点を整理する。裁判員が直接関与する公判は、裁判員に過大な負担をかけないために三日程度とされているから、一審判決までの期間が大幅に短縮されることは確かだ。

これは同時に、裁判員が正味三日足らずの短時日で、真相を見極められるだろうかという懸念にもつながる。確かな証拠が乏しく、被告が否認しているケースでは判断に苦しむのではないか。まして、有罪なら死刑が予想される事件では、なおさらだろう。神ならぬ身が人を裁くことの重さを感じる。

お道の信仰者としては、どのように受けとめ、対処すればいいのだろうか。

人が人を裁くこと自体が問題だという見方にも一理あるが、だからといって神の裁きにすべてを委《ゆだ》ね、悪事を放置しておくのが正しいとは思えない。悪を阻止《そし》し、悪を為《な》す人の心をもたすけ、悪のない世界を目指すのが本来の姿勢ではないだろうか。

「おふでさき」には、

一れつにあしきとゆうてないけれど　一寸のほこりがついたゆへなり　（一号53）

と、いわゆる悪の根本原因は心のほこりだと仰せになっている。

従って、ほこりに譬《たと》えられる自己中心的な心遣いを一掃し、究極的には「世界中、皆一れつは澄み切りて陽気づくめに暮らす」世界（そこでは犯罪はあり得ない）の実現に向かって進むのが、ようぼくのあり方だろう。

しかし、いまだ「だめの教え」が行き渡るには遠い現実からすれば、法律を定め、犯罪者を罰し、また矯正《きょうせい》しようとするのも、「知恵の仕込み」「文字の仕込み」の生んだ修理・肥の一つと見なすことができよう。

今回の制度には見直しを要する点もあろうが、もし裁判員に選ばれたら、それを忌避《きひ》するよりは、活《い》かす努力をしたいと思っている。その際、罪を犯した人を単に罰するという観点からではなく、少しでも心が救われることを念じ、また評議では、共に裁判に関《かか》わる人たちにも、その思いが伝わるような意見を述べたいものだと思う。

さらには、その犯罪を生んだ背景にも目を向け、おそらく自分の周囲にもあるだろう似たような状況を改善する努力を払うことで、その重い体験を生かせればと思う。


（立教172年7月5日号）

「三方よし」と「商売の道」

最近「三方よし」という言葉を、ちょくちょく見聞きする。

出所は近江商人の家訓のようで、「売り手よし、買い手よし、世間よし」というものだ。

大はマネーゲームで世界を振り回す投資ファンドから、小は食品の偽装表示まで、自分さえ良ければという商取引が横行する時代に、古くからの商人道が見直されているということだろうか。

売った人も喜び、買った人も喜ぶような商売が望ましいのは健全な常識だと思うが、それだけでなく「世間よし」と付け加わっているところがミソだ。

他国への行商から始まって、やがてその地に支店を設けるという近江商人の活動スタイルからすれば、他国の人々に好感を持たれるような営業姿勢が必須だったに違いない。

しかし「世間よし」を商売上の心得というだけでなく、もっと広く解釈し、商いを通して社会の役に立つ、あるいは儲《もう》けの一部を社会へ還元することとして、今日いわれる企業の社会的責任に通じるとする見方もある。

それにしても、これが倫理観だけから出てくるとは考えにくい。比叡山《ひえいざん》を間近に仰ぐ信仰的風土も背景にあるように感じる。

もっとも、「世間よし」だけでは危なっかしい面もある。戦時の狂気のような極端な場合は例外にしても、世間の風潮自体がおかしくなることがままあるからだ。

やはり、神、それも排他的でない神に依拠《いきょ》する信仰が欠かせないように思う。

◇

商売の仕方と聞いて、お道の信仰者が思い浮かべるのは「商売人はなあ、高う買《たこ》うて、安う売るのやで」のお言葉だろう（『稿本天理教教祖伝逸話篇』一六五「高う買うて」）。

同じ内容のお言葉は、同一〇四「信心はな」にもある。

いずれの場合も、お言葉を頂いた当人は真意を理解できず、それではやっていけないと、道の先輩に尋ねている。一六五では「他《ほか》よりも高う仕入れて問屋を喜ばせ、安う売って顧客《とくい》を喜ばせ、自分は薄口銭《うすこうせん》に満足して通るのが商売の道や」と聞かされている。

それにしても、「三方よし」が、まず「売り手よし」と商人自身の利益を挙げていることとは大きな違いである。

自身が損をしていては商売を続けられないが、親なる神の目からすれば、ゆめゆめ足元を見て買い叩《たた》いたり、弱味につけこんで高く売りつけたりするようなことはしてくれるなということでもあろう。

仕入れ先や顧客を喜ばせて、自分は薄口銭に満足する姿は神の嘉《よみ》し給《たま》うところであり、従って健康や人間関係など数多《あまた》の恵みを受けることのできる通り方であろう。また、おそらく商売も栄え、長続きすることになるように思う。

人を喜ばせて喜ぶという喜び方は、自分が得をして喜ぶということより一段上のレベルと言うべきであり、神様もお受け取りくださるに相違ない。

これに類する状況は、商売に限らず、日常のあらゆる場面で遭遇《そうぐう》するところである。

脳死は「出直し」ではない

（立教172年8月30日号）

「臓器移植法」の改正案が成立した。衆議院の解散日程が取り沙汰《ざた》される中で、十分に審議を尽くしたとは言えないまま、駆け込み採決された印象が拭《ぬぐ》えない。

改正により、脳死状態にある十五歳未満の子どもからも臓器提供が可能になることに話題が集まっている感があるが、信仰者としてはむしろ、一律に「脳死は人の死」としたことのほうが重大な変更だと思う。

天理やまと文化会議では、再発足当初から「脳死・臓器移植」の問題に強い関心を持ち、討議を重ねてきた。

特に、教えに基づく受けとめ方に関しては、「かしもの・かりもの」の教理を軸に、社会の動向も踏まえつつ議論してきた。

「おかきさげ」には、「人間という身の内というは、神のかしもの・かりもの、心一つが我《わ》がの理」とあるように、人間の身体《からだ》は神からの借り物で、心だけが自分のものであり、その身体と心をつなぐのが「心通りの守護」だというのが天理教の身体観である。

それを「おふでさき」では、「めへ〳〵の心みのうちどのよふな　事でもしかとみなあらわすで」（十二号171）、と仰せられ、続けて、「これみたらどんなものでもしんぢつに　むねのそふぢがひとりてけるで」（同172）と、身上障りを通して胸の掃除を促すと仰せになっている。

天理教の教えによれば、心と身体は不可分であって、一人ひとりの身体には、その人の心の軌跡（親々から受け継いだものも含めて）が刻まれているのである。

また、銘々の身体はその人に貸されているのであって、本来は、たとえ一部といえども、他の人と交換できるものではない。

それを示唆しているように思えるのが、移植された臓器に対する拒絶反応である。

もっとも、これは天理教の信仰者は、臓器移植をしてはならないということではない。やむにやまれず移植を受ける場合には、そうした重い病気をもってお知らせくださる神意を深く思案し、思召《おぼしめし》に沿うよう心の向きを切り換えることに努めるとともに、ある意味では、部分的とはいえ、他人の心の軌跡を刻んだ臓器を引き受ける以上、それなりの覚悟が求められるということである。

そうした基本的な問題のうえに、今回の改正では、臓器提供者を増やすために「脳死は人の死」と規定したことが大きな問題である。

本教では、いわゆる「死」は「かりものである身体をお返しする」ことであり、来生へ向けての「出直し」だと教えられている。

これは以前に論じたことがあるので繰り返しを避け、結論を述べれば、たとえ人工呼吸器などの生命維持装置を必要としていても、人体としての有機的な営みが保持されている状態を「かりものを返した」とは言えないし、その人から臓器を取り出すことは許されないと思う。

以前、臓器摘出の現場に立ち会った経験のある医師と対談したことがある。一刻を争って臓器を次々と切り取っていく姿は、表現は悪いがと断ったうえで、死骸《しがい》に群がるハイエナのようで礼を欠くと感じた、と語っていたことが忘れられない。

アメリカでは、脳死からの臓器提供に国民的合意があるとされ、日本より格段に提供者が多いことから、渡米して移植を受ける人が後を絶たない。

しかし、その一方で、脳死状態になると死と見なされ、保険適用外となり、莫大《ばくだい》な自己負担が生じるため、臓器提供に同意することも少なくないという。アメリカに多い無保険者の場合は、なおさらだろう。

滞米中に脳死とされた日本人が帰国後、意識を回復したケースが複数例あるようだが、こんな事例も報告されている。

ハワイ旅行中に交通事故に遭《あ》った女性の家族が、医師から一日最低三十万円の治療費がかかるとして、臓器提供を打診されたが断り、治療を継続したところ持ち直し、ついには社会復帰したという。なんとも恐ろしい話である。

このように脳死・臓器移植の問題は、死生観だけでなく、脳死判定の仕方、高額な医療費、脳死者の家族の気持ち、臓器提供を待つ患者の心情など、さまざまな要因の絡《から》み合う難しい問題である。

いずれにせよ、「脳死を人の死」として臓器を切り取るような行為は許されてはならないと考える。

上田嘉太郎（うえだ よしたろう）
昭和20年（1945年）、奈良県生まれ。京都大学大学院理学研究科修士課程修了。同55年、浪華《なにわ》分教会長。同60年、別席取次人。同61年、本部准員。平成元年（1989年）、海外布教伝道部アメリカ二課長。同４年、海外布教伝道部翻訳課長。同８年、本部員。同10年、道友社長、常詰、宗教法人天理教責任役員。同11年、天理やまと文化会議議長。同21年、表統領、宗教法人天理教代表役員。

お道《みち》の視点《してん》から

立教173年（2010年）７月26日　初版第１刷発行
立教174年（2011年）１月26日　初版第２刷発行

著　者　上田嘉太郎

発行所　天理教道友社
〒632-8686　奈良県天理市三島町 271
電話　0743（62）5388
振替　00900-7-10367

TENRIKYO DOYUSHA

印刷所　株式会社天理時報社
〒632-0083　奈良県天理市稲葉町 80

ISBN978-4-8073-0549-0
定価はカバーに表示